CANÇÕES DA DECADÊNCIA
E OUTROS POEMAS

CANÇÕES DA DECADÊNCIA E OUTROS POEMAS

Medeiros e Albuquerque

Edição definitiva
(1885-1904)

Introdução, organização e fixação de texto
ANTONIO ARNONI PRADO

Martins Fontes
São Paulo 2003

Copyright © 2003, Livraria Martins Fontes Editora Ltda.,
São Paulo, para a presente edição.

1ª edição
março de 2003

Introdução, organização e fixação de texto
ANTONIO ARNONI PRADO

Acompanhamento editorial
Helena Guimarães Bittencourt
Revisão gráfica
Renato da Rocha Carlos
Maria Luiza Favret
Produção gráfica
Geraldo Alves
Paginação/Fotolitos
Studio 3 Desenvolvimento Editorial

Dados Internacionais de Catalogação na Publicação (CIP)
(Câmara Brasileira do Livro, SP, Brasil)

Albuquerque, Medeiros e, 1867-1934.
    Canções da decadência e outros poemas / Medeiros e Albuquer-
que ; introdução, organização e fixação de texto Antonio Arnoni Pra-
do. – São Paulo : Martins Fontes, 2003. – (Coleção poetas do Brasil)

"Edição definitiva (1885-1904)"
Bibliografia.
ISBN 85-336-1737-2

    1. Albuquerque, Medeiros e, 1867-1934 – Crítica e interpretação
2. Poesia brasileira I. Prado, Antonio Arnoni. II. Título. III. Série.

03-0583   CDD-869.91
Índices para catálogo sistemático:
1. Poesia : Literatura brasileira   869.91

Todos os direitos desta edição reservados à
Livraria Martins Fontes Editora Ltda.
Rua Conselheiro Ramalho, 330/340 01325-000 São Paulo SP Brasil
Tel. (11) 3241.3677 Fax (11) 3105.6867
e-mail: info@martinsfontes.com.br http://www.martinsfontes.com.br

Coleção "POETAS DO BRASIL"

Vol. XIV – Medeiros e Albuquerque

Esta coleção tem como finalidade repor ao alcance do leitor as obras dos autores mais representativos da história da poesia brasileira. Tendo como base as edições mais reconhecidas, este trabalho conta com a colaboração de especialistas e pesquisadores no campo da literatura brasileira, a cujo encargo ficam os estudos introdutórios e o acompanhamento das edições, bem como as sugestões de caráter documental e iconográfico.

Antonio Arnoni Prado é professor de literatura brasileira na Unicamp. Além de colaborar nos principais jornais e revistas do país, escreveu *Lima Barreto: o crítico e a crise* (1976), *1922 – itinerário de uma falsa vanguarda* (1983), *Contos anarquistas* (1985) [em colaboração]; organizou o volume de ensaios *Libertários no Bra-*

sil – lutas, memória, cultura (1987) e editou a obra crítica dispersa de Sérgio Buarque de Holanda em dois volumes enfeixados sob o título *O espírito e a letra* (1996).

Coordenador da coleção: Haquira Osakabe, doutor em Letras pela Unicamp, é professor de Literatura Portuguesa no Departamento de Teoria Literária daquela mesma Universidade.

VOLUMES JÁ PUBLICADOS:

Cruz e Sousa – *Missal/Broquéis.*
Edição preparada por Ivan Teixeira.

Augusto dos Anjos – *Eu e outras poesias.*
Edição preparada por Antonio Arnoni Prado.

Álvares de Azevedo – *Lira dos vinte anos.*
Edição preparada por Maria Lúcia dal Farra.

Olavo Bilac – *Poesias.*
Edição preparada por Ivan Teixeira.

José de Anchieta – *Poemas.*
Edição preparada por Eduardo de A. Navarro.

Luiz Gama – *Primeiras trovas burlescas.*
Edição preparada por Ligia F. Ferreira.

Gonçalves Dias – *Poesia indianista.*
Edição preparada por Márcia Lígia Guidin.

Castro Alves – *Espumas flutuantes & Os escravos.*
Edição preparada por Luiz Dantas e Pablo Simpson.

Santa Rita Durão – *Caramuru.*
Edição preparada por Ronald Polito.

Gonçalves Dias – *Cantos.*
Edição preparada por Cilaine Alves Cunha.

Diversos – *Poesias da Pacotilha.*
Edição preparada por Mamede Mustafa Jarouche.

Raul de Leoni – *Luz mediterrânea e outros poemas.*
Edição preparada por Sérgio Alcides.

Casimiro de Abreu – *As primaveras.*
Edição preparada por Vagner Camilo.

ÍNDICE

Introdução	XV
Cronologia	XXXIX
Nota sobre a presente edição	XLIII

CANÇÕES DA DECADÊNCIA
(1885-1887)

Verdade	5
Trazes-me flores e sonhos	6
Deus	8
A uma cantora	9
Estátua	11
Lúcia	13
Quando eu for doido	14
À beira de um túmulo	15
Osório	18
Passando...	20
Carmen	22
Crepúsculo	24
Sombras	25

Forget me not	27
Estrelas apagadas	29
Do livro de Laura	31
Pelicano	33
Aspiração	35

PECADOS
(1887-1889)

À entrada	39
Para o nada	42
Ante um crucifixo	44
A domadora	45
Cotinha	48
A um suicida	53
Resposta	55
Questão de estética	56
Nirvana	57
Domadores	59
Cérebro e coração	60
Estranho mar	61
Canção báquica	62
Tristes e alegres...	64
Último remédio	66
Respondendo a uma carta	67
Contemplação	68
Anoitecendo	69
Versos sobre Edgar Poe	70
Terminando mensonges	73
Artistas	74
Canção	75

Mágoas alheias	77
Versos difíceis	79
No enterro de uma criança	80
A bem do serviço público...	81
Na roça	82
Ilusões	84
Ouvindo música	85
Serenata	88
Pior, pior ainda	90
Nas ruínas de um mosteiro	91
Nihil	93
Tempestade	94
Amor defeso	96
Quadro de Goya	97
Proclamação decadente	98
A Émile Zola	101
Grito de náufrago	102

ÚLTIMOS VERSOS
(1888-1901)

Noiva perdida	105
17 de novembro de 1889	113
Noite de inverno	116
Viagem matinal	118
Flor de pântano	119
Indiscrição	120
A liberdade vitoriosa	122
Coeli enarrant...	123
Fuzilado	126
Pudica	132

Do trem...	133
Da carteira de um flâneur... (F.T.)	134
Da carteira de um flâneur... (Mlle. M.F.L.)	135
Da carteira de um flâneur... (E.W.)	136
Da carteira de um flâneur... (Mlle. Z.Q.M.)	137
Da carteira de um flâneur... (H.F.)	138
A um renegado	140
Héctica	141
Tartaruga	142
Te deam laudamus	143
A um certo assassino...	146
Para sempre!	148
Crânio de herói	150
Vorrei morire!	151
Silêncio	153
Análise	155
Presságio	158
Resposta a uma propaganda	159
Sândalo	162
Meio-dia	164
Motivos de valsas	166
Aquarela	169
A Pernambuco	170
Na treva	173
Para um quadro	176
Versos a uma desconhecida	177
Palmares	178
Em um leque	184
Esquecido	185
Astros e sonhos	186
Lembranças de um dia de sangue	187
Pedindo jaula...	190

Bandeirantes 191
Digitalis purpurea 194
Em 14 de julho de 1889 195
Canção de alvorada 198
Viajantes 200
Invencível 202
Salmo 204
Num álbum 207
Sísifo 208
Versos de amor 209
Para não fazer um madrigal... 211

INTRODUÇÃO

Medeiros e Albuquerque e a poesia

Dentre os poetas de fins do século XIX há alguns a quem por vezes mais vale referir do que considerar. Festejados em geral pela crítica ligeira, quando não pelo aulicismo corporativista dos *abnegados pares de redação* dos grandes jornais em que *pontificavam*, muitos deles – mesmo esquecidos pelos manuais de história literária – conheceram a glória, foram fartamente editados e ainda figuram como *príncipes* ou *mágicos* nas estantes empoeiradas dos velhos arquivos, onde hoje descansam em melancólico ostracismo.

Ao contrário das grandes vozes da poesia da época – um Olavo Bilac, um Cruz e Sousa, um Augusto dos Anjos, cuja obra a renovação dos temas e dos processos, como é natural, acabou superando –, trata-se de autores que se projetaram para muito além da qualidade de seus próprios versos, gente de produção incaracterística e difusa, mas que chegou ao poder, exerceu cargos de influência e conheceu o prestígio literá-

Canções da decadência e outros poemas

rio no Brasil e fora dele, não raro amoldando as sociedades acadêmicas e definindo rumos para a política educacional do país.

José Joaquim de Campos da Costa de Medeiros e Albuquerque (1867-1934) é um desses _luminares do espírito_ cuja poesia se esgota na exterioridade das circunstâncias que a produziram. Retomá-la hoje, há quase oitenta anos de distância – malgrado as incertezas de um duvidoso desfrute –, é tarefa que pressupõe o cuidado de saber olhar não apenas para os movimentos da crítica que a engendrou, mas sobretudo, e a partir dela, para a fisionomia literária de uma época cheia de artifícios e de frivolidades em que o ofício das letras se dilui no arcabouço retórico das instituições de que saíam os _homens de escol_ e as grandes reputações da vida social e política brasileira na transição do Império para a República.

O percurso, como se sabe, não destoa da rota comum à maioria dos literatos seus contemporâneos em busca de oportunidades na capital federal. E ao mesmo tempo não nos desvia do itinerário dos autores _minori ou minimi_ que, na justa expressão de Andrade Muricy, merecem um lugar na nossa história literária quando menos por terem sido "causa do nascimento e do desenvolvimento de tendências, de modas às quais os maiores não se mostraram refratários"[1].

---

1. Andrade Muricy. _Panorama do movimento simbolista brasileiro._ 2ª ed., Rio de Janeiro: MEC/INL (1973), vol. I, p. 31.

Introdução

Nascido em Recife, filho de gente ilustrada, Medeiros passou pelo Colégio Pedro II antes de seguir com a família para a Europa em 1880, onde permaneceu por quatro anos matriculado na Escola Acadêmica de Lisboa, até retornar ao Rio de Janeiro e travar amizade com um grupo de estudantes de medicina liderados por Tito Lívio de Castro, que então os acompanha num curso particular de história natural ministrado por Emílio Goeldi. O interesse pelos assuntos da biologia não exclui o gosto cada vez mais acentuado pela poesia, que o leva para as rodas literárias de boêmios como Paula Ney e Pardal Mallet e – logo depois de publicados os primeiros versos – a ingressar no jornalismo. O futuro promissor não tarda a abrir-lhe as portas. Amigo de Sílvio Romero, de quem também foi aluno, quando ingressa em 1888 no jornal _Novidades_, levado por Alcindo Guanabara, já havia publicado as _Canções da decadência_, de 1887. A este se seguiriam o livro _Pecados_, o poemeto _Remorso_, ambos de 1889, e o volume _Poesias_, de 1904, este último enfeixando os dois livros editados anteriormente, acrescidos de uma nova coletânea de poemas com o título de _Últimos versos_.

O jornalista do _Novidades_, entretanto, nem de longe lembrava o tímido professor primário que um ministro do Império, Franco de Sá, havia pouco nomeara para a escola pública. Ao lado de Alcindo Guanabara e de Silva Jardim, é agora uma voz implacável na luta pela derrocada da Monarquia, chegando inclusive a viajar para São Paulo, em missão especial delegada

Canções da decadência e outros poemas

por Aristides Lobo junto aos confrades republicanos Francisco Glicério e Campos Sales. Deposto o Imperador, a quem jamais poupará ao longo da vida, a ascensão de Medeiros e Albuquerque será tão vertiginosa que chega a ser maliciosamente comparada por Carlos de Laet à velocidade das conquistas do próprio César, com a diferença – escreve Laet – de que, se o romano foi, viu e venceu, Medeiros nem teria precisado ir, quanto mais vir...[2]

À parte os venenos da verve, os fatos a rigor não parecem longe das indicações do temido polemista. Nomeado em 1889 secretário do ministro Aristides Lobo, titular da pasta do Interior no primeiro governo republicano, Medeiros e Albuquerque inicia uma longa travessia pelos cargos da administração pública do novo regime. Vice-diretor do internato do Ginásio Nacional por indicação de Benjamim Constant em 1890, ano em que compõe o "Hino da proclamação da República", é nomeado membro do Conservatório Dramático e vice-reitor do Ginásio, cargos que passa a acumular com a função de professor da Escola de Belas-Artes e de lente das escolas públicas de 2º grau.

Destacando-se no jornalismo republicano à frente de _O Clarim_, dirigiu no período florianista o jornal _O Fígaro_, em cujas páginas denuncia a iminência de um golpe contra o governador

---

2. Cf. "Ad sodales" [assinado U. do A.], in "Liberdade", de 25 maio 1896, apud _Autores e Livros_ – Suplemento Literário de _A Manhã_ , vol. VI, nº 6, de 14 fev. 1943, p. 91.

Introdução

de Pernambuco, que – em sinal de reconhecimento – o faz eleger deputado federal em 1894, ocasião em que apresenta à Câmara projeto de lei prevendo a criação do Ministério da Instrução Pública e das Belas-Artes. Dois anos depois já está entre os fundadores da Academia Brasileira de Letras, na qual ocupará as mais diversas comissões e, em 1890, substituirá Joaquim Nabuco no cargo de secretário geral, para o qual retornará ainda em três outras gestões, entre os anos de 1910 e 1918.

Nem sempre, porém, os fados lhe serão auspiciosos. Diretor geral da Instrução Pública do Distrito Federal em 1897, Medeiros viu-se ameaçado de desterro por fazer oposição a Prudente de Morais. Ainda na oposição, preferiu sair do país para evitar o quatriênio castrense do marechal Hermes da Fonseca, ocasião em que, exilado na Europa, chegou a pensar em naturalizar-se turco. "Eu nasci para ser turco", teria dito mesmo a João do Rio, que – segundo relata Humberto de Campos – o encontrou por acaso em Istambul, sentado "de cócoras, de _fez_ à cabeça, fumando um narguilé na ponte de Galata"[3].

---

3. A crônica de Humberto de Campos retoma a alusão a um inacreditável harém que Medeiros e Albuquerque teria mantido em Constantinopla, "guardado por quatro eunucos da Ásia Menor e enriquecido, diariamente, por novas circassianas trazidas do interior por seus agentes, que eram os agentes do próprio sultão". Ligadas a esse "gosto de parecer turco", há ainda duas curiosas evidências. A primeira é uma foto bizarra, datada de 1912, em que o escritor aparece num "exercício de adaptação à indumentária

XIX

Canções da decadência e outros poemas

Lenda ou verdade, a atitude bizarra voltará a repetir-se em outros gestos extremos. Já de volta ao Rio de Janeiro, estará à frente da campanha que defendeu a entrada do Brasil na guerra européia e que lhe valeu inclusive uma condecoração do governo francês. Mais adiante, sem deixar a oposição, abre combate ao governo Epitácio Pessoa à frente do jornal _A Folha_ e alinha-se contra o programa da Aliança Liberal. Com a deposição de Washington Luiz em 1930, refugia-se na embaixada do Peru e passa a última quadra da vida colaborando diariamente no jornal _A Gazeta_, de São Paulo, atividade que divide com as tarefas e comissões da Academia Brasileira de Letras, até que uma síncope o fulmina na tarde de 9 de junho de 1934.

turca", envergando barrete, bombachas de sultão, colete e o cinto largo de seda sob o qual sustenta, atravessada, uma lâmina de ponta; e a segunda é a mania de usar, no exterior, a velha farda de coronel da Guarda Nacional, com a qual – a crer ainda nos apontamentos de Humberto de Campos – Medeiros curtia o prazer de "sentir-se desconhecido em terras distantes e exóticas". "Durante a guerra, principalmente, isso lhe era de grande utilidade" – acrescenta Campos. "Medeiros fardava-se, e ia, com as suas esporas e o seu uniforme suntuoso, para a _gare_ do norte. E aí, de pé, a mão no capacete, recebia as continências dos soldados que iam ou vinham do _front_, e que olhavam, espantados, o seu fardamento, inteiramente desconhecido nos campos de batalha." Não é sem propósito lembrar, como sugere o cronista, que se deve ao próprio Medeiros e Albuquerque o uso obrigatório do fardão no uniforme da Academia Brasileira de Letras. Cf. Humberto de Campos, "Perfil de Medeiros e Albuquerque", in _Autores e Livros_, cit., p. 87.

Introdução

Em 47 anos de produção literária, Medeiros e Albuquerque se dedicará muito mais à prosa do que à poesia, à qual só retornaria a partir de 1922, quando publica o volume *Fim*, seguido dois anos depois dos *Poemas em versos* e da coletânea *Quando eu falava de amor*, publicada um ano antes de sua morte. Sem considerar o prefácio que escreveu para a edição das *Poesias completas de D. Pedro II*, que ele próprio organiza em 1932, serão muitos os gêneros de prosa em que buscou expressão, com destaque para os diversos livros de contos que publicou, alguns dos quais selecionados para uma edição única tirada em 1924, além da co-autoria em outros dois – um em colaboração com Afonso Celso, Afrânio Peixoto, Augusto de Lima, Maurício de Medeiros e Roquete Pinto, e outro, o romance *Mistérios* (dentre os três que compôs), produto de uma parceria com Afrânio Peixoto, Coelho Neto e Viriato Correia.

Mas o que lhe deu celebridade foram as conferências e os discursos, em cujo espólio se contam hoje mais de doze volumes, entre temas literários, orações políticas e saudações acadêmicas. É também de sua autoria uma crônica acerca dos homens e das coisas da Academia Brasileira de Letras, além de cinco ensaios sobre temas de história e crítica literária e de dois livros de doutrina política, que se complementam num volume que encerra o ideário pessoal e noutro que reúne as polêmicas que travou ao longo da vida – o primeiro coligido por Maurício de Medeiros e o segundo por Paulo de Medeiros e Albuquerque, este último de 1941.

Canções da decadência e outros poemas

Há ainda a produção sobre temas científicos, desdobrada em quatro volumes publicados na década de 20, que incluem um ensaio sobre hipnotismo, com prefácio de Miguel Couto e Juliano Moreira, uma separata contendo um estudo publicado no *Journal de Psychologie Normale e Pathologique*, de Paris, e um escrito pedagógico sobre os meios científicos de medir a inteligência e a instrução dos estudantes. Medeiros enveredou também pelo memorialismo, deixando dois volumes autobiográficos e um relato de viagens. Sua intensa colaboração na imprensa da época estendeu-se não apenas aos principais jornais e revistas do país, como também do exterior, particularmente da França e da Argentina, onde a sua participação, além dos jornais, chegou às revistas acadêmicas e científicas.

* * *

Encoberta na extensão desse conjunto, a produção poética – que, nas palavras de José Veríssimo, o próprio Medeiros e Albuquerque parece ter subestimado, ao considerar-se ele mesmo um poeta de pouca importância – revela-nos desde o início um autor cuja faculdade predominante não é propriamente o canto poético, mas apenas um exercício de aplicação parnasiana destituído de emoção e ditado muito mais pelos argumentos da razão do que propriamente pela sensibilidade[4]. Não que Medeiros e Al-

---

4. Cf. *Estudos de literatura brasileira*, 6ª série. Belo Horizonte: Itatiaia; São Paulo: Edusp (1977), pp. 115-6.

— Introdução —

buquerque desconhecesse o ofício da poesia do seu tempo. Apesar de Veríssimo distinguir na prosa os recursos expressivos que davam consistência à eventual singularidade de seus versos[5], Medeiros tinha consciência de que a poesia é uma arte autônoma cuja especificidade então consistia em "exprimir os pensamentos debaixo da forma metrificada".

A essa mescla de autotelia e arranjo métrico chega inclusive a agregar outras noções mais abrangentes, como a da repetição estrutural das pausas no tempo, a da musicalidade mais ampla que decorre da abolição do metro antigo em sua repetição uniforme de frases com o mesmo número de sons, a da adoção do *enjambement* e a da quebra de todas as simetrias e regularidades – que vão, todas, culminar na observação de que a base da expressão poética está na variação de metros e de ritmos capaz de produzir efeitos até mesmo nos textos de prosa[6]. Ao trabalhar melhor a prosa, nos diz ele que o ouvi-

---

5. Explicando essa distinção, José Veríssimo argumenta que "são os dons do prosador brilhante, versátil, original, imprevisto, espirituoso, ligeiro" que dão à poesia de Medeiros e Albuquerque "a diferença que ela acaso possa ter na poesia brasileira". Cf. *Estudos de literatura brasileira*, cit., p. 116.

6. O interesse pela poesia disseminada nos textos de prosa confirma-se, por exemplo, numa nota aposta ao volume de versos *Fim*, no qual há um soneto intitulado "Aparição vesperal" cujo último verso – *"como uma sombra sobre um chão de paina..."* – Medeiros confessa ter extraído de uma das descrições do romance *O Ateneu*, de Raul Pompéia.

Canções da decadência e outros poemas

do "aprende a discernir melhor as nuances delicadíssimas", o que a seu ver explica o fato de os poetas de sua geração escreverem também em prosa, ao contrário dos prosadores, que muito raramente se dedicam à poesia.

Confirmando as suposições de José Veríssimo, Medeiros e Albuquerque acreditava que o progresso individual do escritor consistia em passar da poesia para a prosa, permitindo-lhe o domínio de várias formas de expressão e assim cumprir a função essencial da literatura que, segundo ele, é a de exprimir o pensamento humano da forma mais completa possível[7]. Chega por aí a considerar as tarefas do "poeta moderno", sugerindo que, em vez de se fixar na metrificação ou mesmo partir dela, o que cabe a ele é antes "resolver a grande dificuldade de achar para cada pensamento a forma própria, o ritmo adequado – a forma que só a ele convém, o ritmo que melhor o pode traduzir"[8].

Esse salto aparente para o conceito mais fluido de *forma* – livre e aberta ao verso polimétrico e à multiplicidade de ritmos – é porém seguido de uma atitude antidogmática em face da crítica *científica* do período, da qual Medeiros, pensando em Sílvio Romero, desdenha quando recusa

---

7. Anoto a partir daqui as observações que o autor desenvolve no escrito "A poesia de amanhã" recolhido em *Pontos de vista*. Rio de Janeiro: Francisco Alves (1913), pp. 75-84.

8. Cf. "A poesia de amanhã", in *Pontos de vista*, cit., p. 83.

— Introdução —

qualquer critério de ciência para medir um produto estético e sustenta que a única modalidade de crítica que se afirmou no contexto literário brasileiro foi a crítica impressionista.

A diferença com Sílvio Romero não é difícil de explicar se pensarmos que o foco da discordância se concentra sobretudo na atitude de Romero em face da obra de Cruz e Sousa. Uma das restrições que Medeiros e Albuquerque fazia ao crítico sergipano é por exemplo a de que faltava à sua crítica "um enfoque definido", o que a fazia flutuar – como na maioria dos críticos da época – "ao sabor das simpatias e antipatias". Romero e José Veríssimo, segundo Medeiros, funcionavam para os leitores "como metros feitos de uma estranha substância", ora diminuindo, ora aumentando conforme as variações do humor e do meio. Um exemplo dessa oscilação indesejável está, a seu ver, no modo como Sílvio Romero avaliou o poeta dos *Broquéis*, primeiro considerando-o "um metrificador sonoro e oco, quase absolutamente destituído de idéias", para depois – ao sabê-lo "um pobre e excelente rapaz, talentoso, pai de família numerosa... sofrendo com o preconceito de cor que pesava sobre ele" – elevá-lo à condição de grande poeta e a datar, a partir dele, "uma época da nossa literatura", quando todos sabem – arremata – que Cruz e Sousa jamais deixou de ser *o metrificador sonoro e oco* que Romero originalmente apresentara[9].

---

9. Cf. Medeiros e Albuquerque. *Páginas de crítica.* Rio de Janeiro: Leite Ribeiro & Maurillo (1920), pp. 7-8.

XXV

Canções da decadência e outros poemas

Para o bom entendedor, Medeiros e Albuquerque reivindica aqui a precedência a Cruz e Sousa na introdução do simbolismo no Brasil, aspiração aliás mais do que justa se pensarmos – como o próprio Araripe Jr. já havia sugerido – que, a par de ter trazido para cá as primeiras obras dos simbolistas franceses, Medeiros e Albuquerque foi o primeiro introdutor do simbolismo no Brasil, não só divulgando a nova estética pela imprensa, mas também escrevendo versos inspirados no novo programa, enfeixados primeiro no volume _Canções da decadência_, de 1887, e depois no manifesto da "Proclamação decadente", recolhida no volume _Pecados_, de 1889, ambos anteriores ao manifesto "A arte", de Cruz e Sousa, que como se sabe é de 1890.

Mas a precedência a Cruz e Sousa a rigor não vai além do plano da inserção cronológica, pois, como bem assinalou Andrade Muricy, apesar de haver introduzido o simbolismo no Brasil, Medeiros e Albuquerque "não tinha a menor afinidade espiritual ou estética" com a nova escola, conforme ficou comprovado – explica – "quando teve de tomar posição diante das realizações dos nossos simbolistas", em face dos quais demonstrou "quase sempre um espírito de incompreensão e mesmo animosidade"[10]. Sobre as suas relações com a poesia, pode-se mesmo dizer que as diferenças com a velha crítica deixam claro que a abertura para a autonomia da

---

10. Cf. Andrade Muricy. _Panorama do movimento simbolista brasileiro_, cit., p. 320.

Introdução

forma e para a consciência da estrutura rítmico-sonora do texto é apenas aparente. No plano geral dos poemas que compõem esta edição das *Poesias*, como o leitor verá, o poeta pouco se aventura para além das soluções convencionais que o parnasianismo estilizou. Mais talvez do que isso, diante delas nos damos conta de que o que predomina é uma hierarquia de temas e sentidos rigidamente medidos na escala harmônica dos processos formais parnasianos que circulavam de um poema para outro, de um livro para outro, de um autor para outro, mudando apenas de tom, sem alterar o registro.

Nelas estão estampadas as marcas inevitáveis da "poesia científica" da época, atrelada à divulgação dos avanços do evolucionismo e da filosofia naturalista que o jovem Medeiros certamente leu quando aluno de Sílvio Romero.

Em *Poesias*, de fato, por mais que o poeta o recuse – como nos comentários que fará depois aos "milagres formais" que julgou ter encontrado nos poemas de Hermes Fontes[11] –, a linguagem do verso ainda está longe da consciência heurística do artifício e do requinte de concepção, reduzindo-se apenas a uma forma regular de expressão do pensamento em que predominam o encadeamento temático e o arranjo conceitual expandidos como suportes transparentes do argumento. Através deles, o livro de Medeiros e Albuquerque repete procedimentos que fa-

---

11. Cf. *Páginas de crítica*, cit., pp. 126 ss.

Canções da decadência e outros poemas

zem dele – para usar uma expressão do próprio Medeiros em relação às apropriações que Martins Fontes, segundo ele, fazia das imagens originais de Olavo Bilac – "uma recapitulação da filogênese poética" disseminada pelos mestres de sua geração.

Nos versos das *Canções da decadência*, por exemplo, o tom predominante é o do poema narrativo de compasso truncado quase sempre interrompido pelo corte das inversões radicais que distendem o ritmo e obscurecem o sentido, como naquele terceto do soneto "Aspiração":

Olhei... ouvi na praia o proceloso embate
das ondas no ulular das ânsias do combate
em que a terra do mar a aspiração quebranta.

ou ainda na passagem do segundo quarteto para o primeiro terceto de "Estrelas apagadas", em que claramente o arranjo métrico-silábico interrompe a exposição lírica do tema em foco:

quando, às vezes, te fito, em mim se aviva
um pensamento nebuloso e baço
e eu cismo que talvez o último passo
nas órbitas do azul deste, cativa,

e hoje essa luz, a luz que nos envias
– astro apagado do correr dos dias –
teu morto foco nem sequer a tem!

No prosaísmo desse processo, que retorna regularmente em poemas como "Passando", "Osório", "Estátua", "Deus", a intenção é fazer valer

XXVIII

os modos de elocução de um poeta que pensa e se interroga sobre a verdade do que vê e a descrença ante o que não pode explicar. Nele a voz que busca a Deus e só constata a amplidão da matéria é a mesma que se nutre das epígrafes, sempre renovadas, do cepticismo de um Jean Richepin que se consola, nos versos de *La mer*, ante a morte esperada e inexorável ("Terriènne") ou que, no soneto V "En guise de préface", não perde jamais o sentimento de auto-suficiência para sustentar, mesmo diante de um legado como o de Michelet, o nada que significam os homens em face das forças da natureza.

Na verdade, é o Richepin de *Les caresses* ou dos versos de *Floreal*, por exemplo, que abastece o amor carnal estuante das *Canções da decadência* e depois se expande para a poesia "vasqueira e sensualona" que Alfredo Bosi bem distinguiu em *Pecados*, cuja volúpia transfiguradora se integra aos reclamos da "poesia realista", mais diretamente voltada para uma visão crua do corpo, do amor e do sexo. Sob este aspecto, basta atentar para os volteios cobiçosos das "Canções báquicas" ou para o desfilar das *ânsias doidas* de um poema como "Ouvindo música" para perceber como neles está inevitavelmente contido o padrão viscoso que recortará depois as imagens de "Noite de inverno" ou de "Pudica", enfeixadas nos poemas de *Últimos versos*.

É ler em Richepin a "Déclaration" que abre *Les caresses* ou percorrer ao acaso alguns poemas como "Sérénade", "Le voix des choses" e "Bateau rose" para perceber de onde brotam, nos versos de Medeiros e Albuquerque, as metáforas que fundem as virtudes da mulher aos atributos da natureza, transformando seios e lábios em acordes de liras e de beijos ou convertendo flocos de morangos em bocas palpitantes que fundem o sonho e o paraíso, a mulher e o pecado, o poeta e o náufrago hedonista que joga a última cartada no desfrute do amor sem peias como dádiva efêmera num mundo sem deus e só desfrutável pela consciência que se reconhece na banalidade intangível das coisas.

Tudo isso, é verdade, num mostruário de segunda mão que repete, na articulação dos temas e no desenho das formas, os modelos consagrados da época, dos quais por vezes subtrai feixes inteiros de imagens, de estratos sonoros e rítmicos, quando não de esquemas rimáticos e de sugestões sintáticas que passam a valer muito mais como interpolações textuais do que propriamente como criação literária.

Um leitor obstinado que se impusesse a tarefa não deixaria de encontrar nos escaninhos destas *Poesias* um vasto repertório de formas desgastadas, reproduzidas de modo latente ou ostensivo. Na chave da figuração carnal, por exemplo, é inconfundível a sugestão, inspirada em Teófilo Dias, do "olhar ávido que se enleia" no corpo da mulher e nele por vezes se enrosca "como serpente arquejante". Na materialização do *nada a que se reduz a vida*, soam igualmente fortes as imprecações de um poeta como Fontoura Xavier, que pouco antes, nos versos de *Opalas,* recuava para a desistência na certe-

Introdução

za de que nada mais valia a pena neste mundo: "Tudo é baldado, tudo, inteiramente tudo! / Apostrofo, interrogo, exaspero-me, grito, / Vou da areia ao abismo e da vaga ao granito, / Tudo é silêncio e paz, tudo é sinistro e mudo!".

Isto para não referir o apego ao preciosismo dos hipérbatos que irradiavam das citações de Alberto de Oliveira ("e ele no seu de faia / De ao pé de Alfeu tarro escultado bebe") e em particular de suas _descrições naturais_, com detalhes de precisão que se impunham quase como retratos ("Estala o rio. Estronda espedaçada a frágua / dos trovões. O Universo é mudo espanto e assombro") que Medeiros vai repolindo de outros tons em poemas como "Tempestade", por exemplo, onde igualmente chove e "Desabam catadupas brutas / no dorso negro e funeral da terra... / Chispas rebrilham de medonhas lutas / de mil titãs em temerosa guerra..."

Mas há ainda o antiteísmo ornamental de Raimundo Correia ("Homem da vida as sombras inclementes / Interrogas em vão: – Que céus habita / Deus? Onde essa região de luz bendita, / Paraíso dos justos e dos crentes?") ecoando em poemas como "Último remédio", "Ante um crucifixo" e "Nirvana", a confirmar que o decadentismo de _Pecados_ e mesmo da "Proclamação decadente" – como aliás notara Andrade Muricy – não ia além de uma expansão convencional de época a cujo repertório não podiam faltar, além da morte de Deus, o _desengano das mortas crenças_, o _grito ardente das turbas loucas_, um _corvo fúnebre crocitando entre os escombros_

XXXI

Canções da decadência e outros poemas

da alma, a *mão fria da Desgraça semeando o presente maldito, o tredo aborto do sorriso repelido pelo Escárnio...*

O tema parnasiano da mulher como expansão da beleza natural pouco avança em relação aos contidos fragmentos que Luiz Delfino traçou em "Nuda puella" ("Soltas de leve as roupas, uma a uma / Caem-lhe: assim a camélia se esfolha; / E quando n'água o belo corpo molha, / A água soluça, e o enleia, e geme, e espuma") e Medeiros e Albuquerque ensaia nos dois últimos tercetos de "Estranho mar", ao dirigir-se à mulher amada que desprendendo-se "do oceano do amor" lhe surgisse nua, *em deslumbrante alvura* : "– bem certamente nos anéis dos soltos, / longos cabelos negros e revoltos, / onde brinca ditoso o meu desejo, / tu não terias d'água leves bagas... / Surgirias trazendo d'essas vagas / em cada fio pendurado um beijo!".

De Olavo Bilac, no entanto, é que vêm as ressonâncias mais expressivas, seja na transcrição de versos quase inteiros ("Quando a floresta ramalhar sombria", em "Nas ruínas de um mosteiro"; "A luz estende pelo ar funéreas / as mortalhas brancas de esmaiada tinta", em "Tempestade"; "E o Pranto – se o Pranto ardente / banha uma face sombria – / vem do excesso do pungente / riso mordaz de Ironia", em "Proclamação decadente", por exemplo), seja na reprodução dos temas e das imagens poéticas, de que são exemplos, entre tantos, as "deidades a cantar, esplêndidas", as "carícias e gozos girando em turbilhões", os "arpejos cálidos do Perfume", as "velas fugindo pelo mar em fora" à vista

Introdução

de amantes inebriados que colhem "juntos nos caminhos as borboletas infantis" entre tantos lamentos provocados pelo amor desfeito: "não terás – eu te juro – /como os meus – outros afetos!"; "não sentirás tão ardentes, / como os meus – outros abraços!"; "ninguém te verá sentindo /como os meus – outros carinhos!".

Nada disso impediu que a crítica da época o visse como um grande poeta. Valentim Magalhães o inclui, em 1896, entre os vates "emancipados", homem de "verdadeiro talento poético, imaginação vivaz e pronta", além de uma "audácia de concepção e um nobre amor da forma" que poderiam fazer dele "um dos primeiros poetas brasileiros, se quisesse"[12]. Tito Lívio de Castro, autor certamente das páginas mais empenhadas no estudo da obra de Medeiros e Albuquerque, apesar de aludir *à pobreza de sua estesia* e à uniformidade das impressões que o submetem à monotonia das sensações e à dimensão imponderável da *excentricidade*, considera-o *um temperamento em constante transformação* e sobretudo um poeta que moderniza o passado e o atualiza criticamente em face da "crise de relativismo" que anuncia o aniquilamento como um bem supremo[13]. Sílvio Rome-

---

12. Valentim Magalhães. *A literatura brasileira: 1870-1895*. Lisboa: Livraria de Antonio Maria Pereira (1896), pp. 77-8.

13. Cf. "Pecados", de Medeiros e Albuquerque, in *Decadismo e simbolismo no Brasil* (Cassiana Lacerda Carollo, org.). Rio de Janeiro: Livros Técnicos e Científicos Editora; Brasília: INL-MEC (1980), 1º vol., pp. 153-65.

Canções da decadência e outros poemas

ro, pouco depois, mesmo lamentando a dispersão espiritual que fez com que Medeiros trilhasse um "sem número de caminhos sem se deter longamente num ponto dado", reconhece-lhe "a índole e o talento" e o inclui, ao lado de José Veríssimo, entre "os homens progressistas do Brasil"[14].

Outros levaram ainda mais longe as suas virtudes. Roquete Pinto, apoiado numa observação de Agripino Grieco, lembra o "instrumento cerebral de incomparável agilidade" a que se resumia _a reconhecida vocação_ do poeta para "a concisão e a clareza cartesiana" em tudo o que escrevia[15]. Afrânio Peixoto, citado por Humberto de Campos, considerava que Medeiros era "o cinema da literatura", por ser capaz de nos mostrar em uma hora "o que o mestre Rui [Barbosa] não nos mostraria em dois dias" – elogio que o próprio Humberto de Campos se apressa em am-

---

14. Cf. o "Prólogo" à 2ª edição, assinado em maio de 1898, in Tobias Barreto. _Estudos de direito_. Rio de Janeiro: Edição do Estado de Sergipe (1926), pp. XXVIII-XXX.

15. "Evocação de Medeiros e Albuquerque". Trecho do discurso de saudação a Miguel Osório na Academia Brasileira de Letras in _Autores e Livros_, cit., p. 86. Contra a opinião de Agripino Grieco, há um testemunho de Antonio Torres, que manifesta a sua _ojeriza_ em face dos versos rebuscados do "Hino da proclamação da República", obscuro e precioso demais – como, aliás, toda a obra do poeta, nos diz ele – para ser compreendido pelos alunos da escola e o público de um modo geral. Cf. "O hino da paz e outros hinos" in _Pasquinadas cariocas_. 2ª ed., Rio de Janeiro: Livraria Castilho (1922), pp. 195-6.

XXXIV

— Introdução —

pliar, ao definir o poeta de *Pecados* como "o mais completo que possuímos"[16].

Ao leitor destas *Poesias* não será difícil, porém, avaliar a recorrência das formas e dos temas na chave fixa do parnasianismo parasitário que, como vimos, reduplica imagens e processos retóricos para diluí-los no preciosismo acadêmico das soluções prosaicas em que os versos, quase sempre despojados de lirismo, parecem converter-se em argumentos. Em relação ao peso que eventualmente tiveram no contexto de seu tempo, mesmo valendo o pioneirismo da "Proclamação decadente", decisivo – como notou Araripe Júnior – para a renovação de idéias no conjunto do movimento de 1893, não há como atribuir-lhes o domínio da *fórmula nova* com a qual os decadentistas europeus suprimiram a monotonia da versificação parnasiana, substituindo-a, na expressão de Valentina Fortichiari, por uma poesia vibrante e sonora que faz tábula rasa de todos os preconceitos, animada pelo progresso e a civilização.

A verdade é que o entusiasmo da crítica da época chega ao poeta impregnado muito mais pelas qualidades que o distinguiam como prosador erudito, polemista e homem de idéias. É deste, por certo, que provêm os primeiros germes de ação republicana esboçados nas *Canções da decadência* com os versos dedicados ao general Osório (o destemido semideus da

---

16. Cf. "Perfil de Medeiros e Albuquerque", in *Autores e Livros*, cit., p. 87.

XXXV

— Canções da decadência e outros poemas —

guerra que "tinha no olhar a luz da Glória", seguido pela deusa das pelejas, sempre "a suplicar-lhe amor") e depois ampliados nos poemas dos *Últimos versos,* que nos desvendam um poeta detrator de Pedro II ("alma podre de rei, que... / as outras almas ias corrompendo / pela baixeza, pelo servilismo"), arauto da Liberdade da Comuna ("À mão da liberdade brilha acesa / a espada do triunfo altivo e forte") e paladino da insurreição de Palmares ("... A vitória, / pingou de lodo as páginas da História / naquele triste dia").

Longe dos "poetas poetantes", um Olavo Bilac, um Alberto de Oliveira, que segundo Medeiros viviam exclusivamente para a sua arte, o entusiasmo dessa poesia vive, ao contrário, de pequenas fórmulas que só raramente chegam – como ele próprio assinala – "à síntese de um grande pensamento". Por trás dela está mais a admiração pelo espírito militante elogiado por Sílvio Romero, pelo estilo cosmopolita que João Ribeiro saudou em artigo e Araripe Júnior vislumbrou à frente do movimento de renovação literária que se seguiu ao simbolismo. Mais do que a do poeta, assim, o que certamente impressionou a crítica da época foi a imagem do *homem civilizado* de que Medeiros sempre desfrutou e que um cronista como Ramalho Ortigão pôde ouvir certa vez na Sorbonne "impondo-se como representante de um novo tipo de brasileiro", o *brasileiro do século 20,* "de pele branca, o cabelo liso e a cara nitidamente rapada" que ninguém até então imaginava pudesse existir. Um tipo, segundo Ortigão, em tudo diferente do brasileiro comum, "suspeitosamente escuro de pele, cabelo crespo, negro bigode retorcido, vestido quanto possível de todas as cores do íris, resplandecente de brilhantes desde os dedos até o peito da camisa, desfrechando as mais comedidas gorjetas para cima de toda a gente, rebolando etiopicamente os olhos à passagem de mulheres bonitas, e falando espanhol, digo espanhol familiar aos parisienses e sabiamente composto de dois vocábulos únicos: *bolero* e *caramba*"[17].

Acrescentemos que, para esse brasileiro branco e civilizado que falava na França sobre a nossa cultura, de pouco ou quase nada valiam agora os versos calorosos em louvor de Zumbi ou dos insurretos mestiços de Pernambuco que ele tanto exalta em algumas estrofes destas *Poesias*. Segundo relata Ortigão, esse novo brasileiro ilustrado e culto garantia então aos acadêmicos franceses que o negro "dentro de muito breve" desapareceria inteiramente do Brasil pelo simples fato de que "a emancipação, excluindo-o da intimidade da raça branca, desenraizou-o da disciplina da família e entregou-o a si mesmo". E isto, conforme Medeiros e Albuquerque, para o mais vivo desencanto dos brasileiros brancos que, como ele próprio afirma, só

---

17. Ramalho Ortigão. *Últimas farpas*. Lisboa: Aillaud & Bertrand (1917), pp. 230-1.

vieram a saber o que os negros queriam da liberdade "depois que lha deram. Queriam-na apenas – é o que ele conclui – para dormir e para beber cachaça"[18].

---

18. *Últimas farpas*, cit., p. 238.

CRONOLOGIA

1867. Nascimento de José Joaquim da Costa de Medeiros e Albuquerque aos 4 de setembro, em Recife.

1876. Matricula-se no Colégio Pedro II, onde apresenta as primeiras tentativas escritas para o jornal dos alunos, *O Etrusco*.

1880. Parte com o pai em viagem para a Europa e matricula-se na Escola Acadêmica de Lisboa.

1884. Regressa ao Brasil e reúne-se a um grupo de estudantes que, liderados por Tito Lívio de Castro, acompanham o curso de História Natural sob orientação de Emílio Goeldi.

1885. Aulas particulares com o crítico Sílvio Romero.

1887. Estréia com o livro de poemas *Canções da decadência*.

1888. Ingressa no jornal *Novidades*, no qual passa a combater duramente o regime monárquico.

1889. Publica o livro *Pecados* e o poemeto *Remorsos*. Viaja a São Paulo em missão política junto aos republicanos Campos Sales e Francisco Glicério. Torna-se secretário do Ministé-

XXXIX

Canções da decadência e outros poemas

rio do Interior e é nomeado por Benjamim Constant vice-diretor do Ginásio Nacional. Compõe a letra do hino da proclamação da República, adotado oficialmente em 20 de janeiro de 1890, com música de Leopoldo Miguez.

1894. Elege-se deputado federal por Pernambuco e encaminha o projeto de lei dos direitos autorais.

1897. Está entre os fundadores da Academia Brasileira de Letras e elege José Bonifácio, o moço, para patrono da cadeira 22. É nomeado diretor geral da Instrução Pública.

1898. Publica o livro de contos _Um homem prático._

1900. Publica _Mãe tapuia._

1904. Aparecem as suas _Poesias – edição definitiva (1885-1901)_ e o livro _Discursos._

1907. Publica _Contos escolhidos._

1909. Publica _Em voz alta_, uma reunião de conferências literárias.

1910. Publica o drama _O escândalo._

1912. Publica _O silêncio é de ouro_ (conferências).

1913. Publica _Pontos de vista_ (ensaios).

1914. Publica _Literatura alheia_ e o estudo _O regime presidencialista no Brasil._

1916. Regressa ao Brasil depois de passar quatro anos auto-exilado na Europa para fugir ao quatriênio de Hermes da Fonseca na presidência da República. Passa a defender publicamente a entrada do Brasil na guerra.

XL

Cronologia

1918. Vê recusado pelo governo seu pedido de alistamento para combater nos campos de batalha da Europa.

1920. Aparece a 2ª edição de *O hipnotismo*, além de seu primeiro romance, *Marta*, e do livro de ensaios *Páginas de crítica*.

1921. Publica o romance *Mistério* (em colaboração com Afrânio Peixoto, Coelho Neto e Viriato Correia).

1922. Publica *Fim* (poemas) e a coletânea de ensaios *Graves e fúteis*.

1923. Publica *Teatro meu... e dos outros*.

1924. Publica *Poemas em versos* e o estudo *Testes*.

1926. Publica *O assassinato do general* (contos).

1929. Publica o estudo *Os que podem casar-se*.

1930. Com a vitória da Aliança Liberal, decide ficar do lado de Washington Luiz e passa a colaborar regularmente no jornal *A Gazeta*, de São Paulo.

1931. Publica *Por terras alheias* (impressões de viagens) e *A arte de conquistar as mulheres*, sob o pseudônimo de Armando Quevedo.

1932. Edita e prefacia *As poesias completas de Pedro II*, publica os livros de contos *O umbigo de Adão* e *Se eu fosse Sherlock Holmes*, além do estudo *O parlamentarismo e o presidencialismo*.

1933. Publica *Quando eu falava de amor* (poemas) e o segundo romance, *Laura*. Aparece seu primeiro volume de memórias, *Minha vida – da infância à mocidade (1867-1893)*.

— Canções da decadência e outros poemas —

1934. Dá a público o segundo volume das memórias, *Da mocidade à velhice*. Publica *Homens e cousas da Academia Brasileira de Letras*. Falece no Rio de Janeiro no dia 9 de junho.

NOTA SOBRE A PRESENTE EDIÇÃO

A) Foram muitas as alterações realizadas por Medeiros e Albuquerque nesta edição das *Canções da decadência* em relação à primeira edição de 1887 (Pelotas: Tipografia da Livraria Americana):

1. A primeira edição trazia as datas 1883-1887, mas a nota da advertência tem a data de março de 1889. Suprimida na edição de 1904, ela dizia o seguinte: "Este livro foi escrito dos 15 aos 18 anos. É o de um adolescente ébrio da conquista de sua liberdade intelectual, que, tendo conseguido desembaraçar-se das peias do Espiritualismo, exultava em uma alegria ruidosa e descomedida. / Quando, há dois anos, eu reuni os manuscritos que o compõem e que correram por ceca e meca, viajando – sem hipérbole – do Amazonas ao Prata, quis dá-lo a público com um pseudônimo. Hoje, porém, que a crítica acolheu tão benevolamente os *Pecados*, pareceu-me mais leal não recuar ante a justa-responsabilida-

XLIII

de do meu nome. A quem queira criticar-me é mister o conhecimento daquele livro para avaliar o que ficou e o que se perdeu dos elementos que existem neste. / Uma cousa é bom notar: – não fiz nas poesias dele, impressas bem longe da minha vista, o mínimo retoque desde as incorreções de Forma e de Idéia até o excesso de cantáridas... / Rio, março de 89. MM".

2. Supressão do poema "Introibo ad...", no qual o poeta como que traçava a atmosfera do livro. Diz-nos, por exemplo, que nos seus versos "Há cantos (vejam que louca! / que pedantesca folia!) / de grave filosofia, / que nega num tom profundo / Deus e o Mundo...". Diz ainda que "há contorções de Fêmea nua / em que a Carne rija estua / em desesperos afoitos / pelos coitos...". Mais ainda: na última estrofe o poeta pede que os leitores "não façam bulha" por causa de seus versos, e explica: "Vê-los-ei breve dispersos, / no ar perdidos sem rumo, / como fumo...".

3. Supressão do longo poema "Diálogo dos continentes" e do primeiro poema da série intitulada "Do livro de Laura", da qual só permanece um, que está anotado abaixo.

4. No soneto "Deus": "céu," em lugar de "céu".

5. Supressão do poema "Falenas".

6. No poema "Trazes-me flores e sonhos": penúltimo v. da última estrofe: "dissipar minhas tormentas" em lugar de "me dissipar as tormentas".

XLIV

Nota sobre a presente edição

7. No poema "Estátua":
   a) a pontuação do v. 1, 2ª estr., altera a forma antiga "Senti-la quando em festa das grandes multidões";
   b) a pontuação do v. 1, 3ª estr., altera a forma antiga "Senti-la quando o sopro aspérrimo da dor";
   c) v. 2, 4ª estr.: "povo" em lugar de "vulgo";
   d) v. 1, 4ª estr.: "solenemente", por "solenemente,".
8. Supressão dos poemas "Gozo e mágoa", "A Nadina Bulicioff (em uma festa abolicionista)" e "Lendo um poeta".
9. No soneto "Lúcia":
   a) o v. do 1º quarteto substitui a versão antiga "Flor, que nasceu em gótica ruína";
   b) v. 3, 2º quarteto, está em lugar da forma antiga "que mágoa fez verter-te o pranto ardente";
   c) v. 4, 2º quarteto, "que te estiolou" em lugar de "que estiolou-te".
10. Supressão dos poemas "Sede", "Clorótica", "Agni (hino ao sol)" e "Primavera".
11. No poema "Quando eu for doido";
    a) v. 2, 3ª estr., "triste dia –" substitui "triste dia";
    b) v. 2, 4ª estr., "afinal," por "afinal".
12. Supressão dos poemas: "Virgens mortas", "Nunca diante de mim ficaste nua", "Gambetta", "Ojos crioulos" [sic], "Serenata", "Ó Deus! Há milhões de anos que seguimos" e "Revolta".
13. No poema "Passando":

XLV

Canções da decadência e outros poemas

a) v. 7, 2ª estr., altera a forma antiga "Hoje no chão deserto as feras rudes";
b) v. 6, 3ª estr., altera "quem pode desviar a Sorte, quando, –".

14. No soneto "Carmen":
a) v. 2, 2º quarteto, em lugar de "deu-te essa sedução sublime e vitoriosa,";
b) v. 3, 1º terceto, em lugar de "tudo que para o céu pode nos elevar!";
c) v. 1, 2º terceto: "E no teu corpo excelso" substitui "E eu no teu corpo excelso";
d) v. 2, 2º terceto, em lugar de "sinto a vibralidade estranha e provocante".

15. Supressão dos poemas "Ao assassino de Alexandre II", "Quando os meus olhos despem, penetrantes", "Morta", "21 de março", "Fugitivas" e "A um rei morto".

16. No poema "Sombras":
a) v. 2, 2ª estr., "agigantada." em lugar de "agigantada;";
b) v. 3, 2ª estr.: "Na dúbia" em lugar de "na dúbia".

17. Supressão dos poemas "Hipócrita", "A Águia" e "Fiat Lux! (em uma festa literária)".

18. No poema "Forget me not":
a) v. 3, 3ª estr., "existência" em lugar de "saudade";
b) v. 4, 3ª estr., substitui "quem me dera esperanças, alento?";
c) v. 3, 4ª estr., em lugar de "É teu nome que dá-me um abrigo".

19. Supressão dos poemas "Perfumes" e "Inocente" e dos sonetos "A um louco" e "Nua".

Nota sobre a presente edição

20. No poema "Estrelas apagadas":
    a) v. 4 do 1º quarteto, em lugar da forma antiga "do céu se lança no gentil regaço,";
    b) v. 4 do 2º quarteto, "deste" em lugar de "destes";
    c) v. 1, 1º terceto, "e hoje essa luz" substitui "e hoje esta luz";
    d) v. 2, 1º terceto, "do correr" em lugar de "no correr".
21. Supressão dos poemas "Hipócritas" e "Natura noverca".
22. No único poema remanescente da série original "Do livro de Laura":
    a) v. 6, 1ª estr., "encanto:" em lugar de "encanto,";
    b) v. 4, 2ª estr., "o calor" em lugar de "ao calor";
    c) v. 6, 3ª estr., "mornas" em lugar de "mornas";
    d) v. 4, 4ª estr., "escultural," em lugar de "escultural";
    e) v. 4, 5ª estr., substitui "que não conhece outro assim";
    f) v. 5, 5ª estr., "vi" em lugar de "sei".
23. No soneto "Verdade":
    a) v. 2, 2º terceto, "momentos;" em lugar de "momentos";
    b) v. 3, 2º terceto, em lugar de "mas com brilho maior deslumbra-nos após".
24. Supressão dos poemas "Darwin", "5 de maio", "Vozes do céu", "Hero e Leandro", "Cristo", "A janela do futuro", bem como dos sonetos "Aromas", "Velando", "Padres, heis de largar a presa" e "Cobiçada".

XLVII

Canções da decadência e outros poemas

25. No poema "Pelicano": v. 1, 1º terceto, acrescentou-se a vírgula depois de "cismadores".
26. Supressão dos poemas "O cometa", "Chorar! Chorar por quê?", "Anêmicas", "Vozes das cousas", "A uma pecadora", "Musa da treva", "21 de abril" e "Wengrou", assim como dos sonetos "Flores e espinhos" e "Fria".
27. Numa das notas apostas ao final do volume, o Autor nos informa que o título do volume [Canções da decadência] "dependeu das poesias com pretensões científicas que há nele e da convicção filosófica de que a arte tende a desaparecer e precisamente, na Poesia, pelo Cientificismo".

B) Em relação às alterações feitas pelo poeta nesta edição de *Pecados* em face da primeira edição da obra, publicada pela Tipografia da Papelaria Parisiense em 1889, foram anotadas as seguintes:

1. Supressão do soneto "Para que não leias", cujo último terceto terminava assim:

   "Há neste livro muito vil pecado...
   Vela-te, pois, em meu amor sagrado,
   para que não vejas como sou perverso".

2. No poema "À entrada":
   a) o título substitui "Ouverture";
   b) v. 13: vírgula antes de "cantando";
   c) v. 15: vírgula depois de "brando";
   d) 7ª estr.: aspas na palavra "o Pensamento";

XLVIII

— Nota sobre a presente edição —

e) supressão de três estrofes que integravam o poema na 1ª edição.

3. No poema "Para o nada":
   a) "impura legião" substitui "escura projeção" [vv. 1 e 2];
   b) a terceira estrofe substitui a antiga redação: "E é tudo assim... quem é forte, / é rijo, é másculo, é grande / em negras ânsias de Morte / as forças todas expande";
   c) v. 3, 4ª estr., substitui a forma antiga "da luta temendo os cantos";
   d) v. 3, 6ª estr., substitui a forma antiga "das guerras a vil crueza";
   e) v. 4, 6ª estr., substitui a forma antiga "o apanágio: o suicídio";
   f) v. 3, 7ª estr., substitui a versão antiga "é o desejo imenso e doudo".

4. Supressão do poema "Em bond".

5. No poema "A domadora":
   a) v. 5, 1ª estr., suprimida a vírgula depois de "feras";
   b) acrescentou-se a vírgula depois de "esplendor" no v. 8, 1ª estr.;
   c) v. 12, 1ª estr., alterado para "rojava-se";
   d) v. 2, 2ª estr., "que as florestas, à noite, a percorrer..." em lugar do antigo "que nas matas à noite, a passear...";
   e) v. 5, 2ª estr., altera a virgulação anterior: em "todos, na jaula ao vê-la, ao som da sua voz";
   f) v. 3, 4ª estr., acrescenta vírgula depois da expressão "ao seu gesto de fada";
   g) v. 2, 6ª estr., substitui "procurou recobrar as forças e o valor";

Canções da decadência e outros poemas

h) v. 3, 6ª estr., em lugar de "e pôde novamente, após longos instantes,";

i) a 8ª estr. altera a forma antiga: "Mas a fera prostrada em seu semblante viu / um riso de desprezo... Em súbito arranco / nas garras lacerou-lhe o colo fino e branco, / e mesclou-se do povo o pávido clamor / aos uivos infernais do rábido furor...";

j) v. 3, 10ª estr., substitui a antiga forma "havia pelo chão, trementes... esparzidas...";

l) v. 4 da mesma estrofe acrescenta vírgula depois de "sangue";

m) vv. 2 e 3 da 10ª estrofe substituem a antiga forma "sentia-se, porém, na cólera fremente / ressuscitar a fera, a líbia fera ardente...";

n) supressão da indicação do "Envoi", que precedia a última estrofe à maneira das antigas baladas;

o) v. 2 da 11ª estrofe substitui "que sentes-me a teus pés rojar e estremecer";

p) v. 3 da mesma estrofe altera a forma anterior "... de mim, de mim: fera altaneira";

q) depois do 7º v. da 11ª estr., suprimem-se os vv. "tu, que poisas agora o teu mimoso pé / na juba do leão sem sonhos e sem fé, / que derribou, na sanha outrora da descrença, / dos amores banais a legião imensa;";

r) v. 13 da 11ª estrofe acrescenta uma vírgula depois de "cruel".

6. Supressão do poema "Amor aristocrata".

L

Nota sobre a presente edição

7. Supressão do poema "Cães...".
8. Supressão do soneto "Paradis cachés".
9. Supressão do poema "Ladainha do mar".
10. No poema "Cotinha":
    a) v. 3, 3ª estr., altera a posição do pronome: "debulhava-se em pérolas de pranto";
    b) penúltimo verso da 3ª estrofe modifica a versão antiga "quando o bruto menino a maltratava";
    c) vv. 2 e 3, 4ª estr., alteram a forma antiga: "longas horas velou junto a seu lado / e – posso-vos jurar – tão desvelado";
    d) eliminação da estrofe antiga, que começa com o verso: "Sofreu tanto como ele... Cuidadosa";
    e) v. 1, 5ª estr., em lugar de "E quando ele curou-se?";
    f) vv. 2 e 3 da mesma estrofe alteram a redação antiga "Caber em si, tão cheia de alegria, / a pular, estouvada, pela casa!";
    g) vv. 5 e 6 da mesma estrofe alteram a forma antiga "Pintou!... pintou a manta... Andou traquinas, / viva, inquieta e gazil (?), como uma brasa!";
    h) no v. 1 da 6ª estrofe foi acrescentada a vírgula depois de "ardente";
    i) na mesma estrofe, os vv. 3 e 4 alteram a forma antiga: "foi o seu tremendo mal... Sinistramente / abriu-lhe, negra e mesta, a sepultura...";
    j) a 8ª e a 9ª estr. modificam a forma antiga "Mas eis o triste fato. Bem defronte / da casa da menina, de águas mansas, /

LI

havia uma lagoa, onde as crianças / à tarde iam brincar, quando o horizonte / todo em fogo se acende flamejante, / como um cendal de chamas, crepitante. / Soltavam barcos de papel à toa / e gostavam de vê-los, vagarosos, / indo por sobre as águas descuidosos, / à superfície calma da lagoa... / E outros muitos brinquedos que eu agora / já nem recordo...";

l) os vv. 9 e 10 da 8ª estrofe mudam a forma anterior "Mas um dia, / em que o Manduca, só, se distraía,";

m) v. 15, estr. 8, vírgula depois de "clara";

n) vv. 17 e 18, estr. 8, alteram a antiga forma "quando sentiu a mãe, lívida e aflita, / soluçando, chamar pelo Manduca";

o) v. 1, estr. 10, altera a antiga forma "E, alucinada, e trágica, e maluca,";

p) v. 3 da mesma estrofe substitui a forma anterior "rindo nervosamente, estranhamente, / pasmo, fito no céu, o olhar demente...";

q) v. 2, estr. 13, substitui a antiga forma "Se ri, cheia de festa";

r) no v. 10 da mesma estrofe a interjeição "ai" é desacompanhada de exclamação;

s) vv. 1 e 2 da estr. 14 substituem a forma antiga "E a Cotinha? De súbito, parando";

t) os vv. 3 e 4 da estrofe 16 estão em lugar da forma antiga "E, quando, bela / no outro dia surgiu, meiga e singela, / a Lua...";

Nota sobre a presente edição

u) as vírgulas, no v. 10 da mesma estrofe, substituem as antigas reticências: "a boiar... a boiar... placidamente...".

11. No poema "A um suicida":
   a) o v. 2 da 1ª estrofe substitui "de lançareste ao Nada heroicamente!";
   b) a 3ª estrofe substitui a antiga forma "Viste e tiveste a nobre heroicidade / de romper o legado do atavismo; / tiveste a crença desta nossa idade, / – mergulhaste no abismo!";
   c) há supressão das quatro estrofes que se seguiam à anterior;
   d) o v. 1 da 8ª estrofe substitui a forma antiga "Esta é a nevrose estranha que me irrita:";
   e) o v. 3 da mesma estrofe está em lugar de "Pensar que à seiva que minha alma agita".

12. Supressão do poema "A morte do herói".

13. No soneto "Resposta", o último verso do 2º quarteto substitui a forma antiga "o tédio avolumou – negro tirano!".

14. No soneto "Questão de estética" foi acrescentada uma vírgula depois de "triunfal", no 2º v. do último terceto.

15. O poema "O corsário holandês" é suprimido.

16. No poema "Nirvana":
   a) o v. 4 da 1ª estrofe substitui a forma antiga "a alma, em gelos da dúvida, a hesitar;"
   b) o gerúndio "lutando" no v. 4 da 4ª estrofe não vem seguido de vírgula.

17. Supressão do poema "Da noite da taverna", dedicado a J. de Lima e Silva.

Canções da decadência e outros poemas

18. No soneto "Domadores":
   a) o v. 3 do 1º quarteto substitui a forma antiga "faz abaixar-se, pávido, transido,";
   b) no v. 1 do 2º quarteto "furores" está em lugar de "terrores", da antiga versão.
19. Supressão do soneto "Moços pálidos".
20. Supressão do soneto "Caro victrix".
21. Supressão do soneto "Hino do riso", dedicado a Sílvio Romero.
22. No poema "Cérebro e coração":
   a) os vv. 3 e 4 do 2º quarteto substituem a versão antiga "há de ela se sumir, há de ir-se embora, / no olvido amortalhada, fria, algente.";
   b) no v. 2 do 1º terceto "divina" substitui "formosa" da antiga versão.
23. No poema "Estranho mar":
   a) o v. 2 do 1º quarteto substitui o antigo "quando surgiu do pego rugidouro";
   b) no v. 1 do 2º quarteto aparece a vírgula depois de "amor".
24. O poema "Alucinação" é suprimido.
25. Em "Canção báquica":
   a) v. 6, 1ª estr., "na nossa fronte" em lugar de "da nossa fronte!";
   b) exclui-se a segunda estrofe original: "Bebe! Se sonhas nas noites tuas / das mil volúpias dando furor, / verás em bandos, mulheres nuas / virem falar-te de ardente amor... / Verás, convulsos, por sobre os leitos / corpos em ânsias de ardor desfeitos!";
   c) v. 4, 2ª estr., "ela" por "Ela";

LIV

Nota sobre a presente edição

d) v. 5, 4ª estr., "povo!" em lugar de "povo:";
e) v. 6, 4ª estr., "cálix" por "cális".
26. Supressão do soneto "Fera".
27. No poema "Tristes e alegres":
a) v. 3, 2ª estr., "horizonte" vem seguido de vírgula;
b) v. 4 da mesma estrofe: "enquanto" substitui "em quanto";
c) supressão da estrofe "Sei das delícias dos amores castos, / sei as volúpias do impudico amor; / mas são prazeres para mim tão gastos, / que já não podem me infundir calor...".
28. Supressão do soneto "Muda canção".
29. Supressão do poema "Último remédio".
30. No soneto "Respondendo a uma carta":
a) o v. 4 do 2º quarteto altera a antiga forma "para enfeitar-te do noivado o leito";
b) o 1º terceto substitui o antigo "E vê: sou nobre. Seu eu quisesse ainda, / essa afeição, que dizes ser infinda, / pagar co'a infâmia de cruel mentira";
c) o v. 1 do 2º terceto substitui "Mas não. Tu'alma que de luz se inflora".
31. Supressão do poema "A bandeira".
32. No soneto "Contemplação":
a) Supressão da dedicatória antiga: "H...";
b) o v. 2 do 2º quarteto está em lugar de "quando eu acabo de falar com ela".
33. No soneto "Anoitecendo":
a) o v. 2 do último terceto altera a forma anterior: "Mal se distingue ao longe nas boiadas,";

LV

Canções da decadência e outros poemas

b) no v. 1 do 1º quarteto "crepuscula" aparece em lugar de "crepscula".

34. Supressão dos poemas "Away!", "Ano Novo", "Soneto decadente" (com uma epígrafe de Verlaine), "Lenda alemã", "Labours" e de "No dia seguinte ao de um enterro".

35. No poema "Versos sobre Edgar Poe":
    a) v. 2, 5ª estr., "desgraçada" é seguida de vírgula;
    b) v. 2, estr. 6, "vivaz" é seguida de vírgula;
    c) v. 2, estr. 8, "céus:" em lugar de "céus";
    d) v. 2, estr. 12, "são os que têm os corações magoados" substitui "são os que têm os peitos sangüentados";
    e) supressão de três estrofes da versão original;
    f) vv. 1 e 2 da última estrofe substituem os dois versos da primeira versão: "Grande Poe, a Loucura, que matou-te, / há de empolgar-me o cérebro algum dia."

36. No soneto "Terminando mensonges" (dedicado a Paul Bouget):
    a) v. 1 do 1º terceto: "lemos" substitui "temos";
    b) o último v. do segundo terceto altera a pontuação da primeira versão: "fugiu deixando a solidão imensa.".

37. No poema "Artistas":
    a) v. 2, 1ª estr., substitui a antiga forma "dos altivos D. Juans que vão aos teus salões";
    b) v. 1, 3ª estr., altera a pontuação da forma antiga "É por isso talvez que eu que não sou artista,".

LVI

Nota sobre a presente edição

38. Supressão do poema "Noites de enfado".
39. No poema "Canção":
    a) o v. 3 da 1ª estrofe substitui "nunca mais verás florindo";
    b) o v. 3 da 2ª estrofe está em lugar de "não sentirás (– eu to juro –)";
    c) v. 2, 3ª estr., substitui "de mil tapizes de flores";
    d) v. 3, 3ª estr., "deliciosos" em lugar de "deleitosos";
    e) supressão da estrofe "Teçam-te idílios severos, / corretos, cheios de encantos, / não sentirás, tão sinceros, / como os meus – os outros cantos!";
    f) vv. 1 e 2, 4ª estr., vírgula depois de "trementes" e "braços";
    g) v. 1 da última estrofe altera a pontuação original "Eu, porém... Eu nas sombrias".
40. No poema "Mágoas alheias":
    a) v. 1, estr. 3, vírgula depois de "forte";
    b) v. 1, estr. 5, substitui "Saem batendo as asas";
    c) v. 1, estr. 6, "por que" em lugar de "porque".
41. Exclusão dos poemas "Eau-forte de Jacquemart", "Declaração impossível", "O padre Tenório [lenda pernambucana]" e "Resumo de um poema".
42. No soneto "Versos difíceis", o v. 1 do 2º quarteto substitui "E terás tu pra quem trabalho, Amada,".
43. No soneto "No enterro de uma criança":
    a) o título altera a forma anterior "Ao enterro de...";

LVII

Canções da decadência e outros poemas

b) o v. 1 do 2º quarteto altera a pontuação da forma anterior "Soltem, que há muito d'água benta os rios";

c) no v. 2 do 2º terceto, "enfim," por "enfim".

44. Supressão de um soneto sem título cujos dois primeiros versos eram: "Querem que nós voltemos para a Crença / para termos de novo os esplendores".

45. Supressão do poema "Sublime dístico".

46. Supressão do soneto "Ateu e crente".

47. No poema "A bem do serviço público":

a) o v. 1 do 1º quarteto substitui a forma antiga "Chove há três dias – três eternidades! –";

b) no v. 3 do mesmo quarteto, "vontade" por "vontades";

c) o v. 4 do mesmo quarteto substitui o antigo "de revermos do sol a luz fulgente."

48. No poema "Na roça":

a) v. 2, 1ª estr., substitui "junto de mim reveste-se de gala";

b) v. 1, 3ª estr., está em lugar de "Oh! se tu foras a meu lado agora,";

c) v. 3, 4ª estr., "gentis," por "gentis";

d) v. 3, 6ª estr., "joviais," por "joviais";

e) supressão das duas últimas estrofes da versão original.

49. No poema "Ouvindo música":

a) v. 3, 3ª estr., "santo," em lugar de "santo";

b) v. 2, 6ª estr., em lugar de "pode dizer-vos o que diz o Aroma?";

Nota sobre a presente edição

c) v. 1, 8ª estr., "tem" por "têm" nas duas edições;

d) v. 1, 9ª estr., "lúcidas," em lugar de "lúcidas".

50. Supressão do poema "Sombre gloire".

51. Supressão do soneto "Cantos póstumos".

52. No poema "Serenata":

a) último v. da 9ª estr., "entrecortados?!" em lugar de "entrecortados!!";

b) supressão da última estrofe: "Sob a varanda, hoje das donzelas...".

53. No soneto "Pior, pior ainda":

a) o último verso do 2º quarteto está em lugar da antiga forma "da treva suma a escuridão sombria,";

b) v. 1, 1º terceto, "aflita" em lugar de "maldita";

c) os dois últimos versos do 1º terceto substituem a antiga forma "uma alma vil, a procurar, aflita, / onde em teu dorso colossal pousar,".

54. Supressão do poema "Calma e borrasca".

55. No poema "Nas ruínas de um mosteiro":

a) v. 3, 2ª estr., "sendas," por "sendas";

b) supressão da última estrofe original ("Deitem perdidas prostitutas loucas").

56. Supressão do soneto "Bandidos".

57. No soneto "Nihil":

a) v. 3, 1º quarteto, "Ventura," por "Ventura";

b) v. 2, segundo terceto, está em lugar de "o que nos resta quando tudo mente?".

58. Supressão do poema "Despindo-a".

59. No poema "Tempestade":

Canções da decadência e outros poemas

a) v. 3, penúltima estrofe, "a alçando" em lugar de "o alçando";
b) no último verso da mesma estrofe, "Terra" substitui "Cosmos";
c) os dois últimos versos da última estrofe mudam a forma antiga "Bem pode ser que na amplidão vazia / então se apague o sofrimento humano...".

60. No soneto "Amor defeso":
    a) v. 2, 1º quarteto, "rasto" por "rasto,";
    b) v. 4, 1º quarteto, "céu" por "céu,".

61. Supressão do poema "Vanini".

62. No poema "Quadro de Goya":
    a) v. 1, 2ª estr., "levantando" não vem precedido de vírgula (na edição anterior);
    b) os vv. 2, 3 e 4 da mesma estrofe substituem a forma antiga: "do sepulcro glacial, – lívido, apodrecido, / revelava da Morte o mistério insabido, / lentamente traçando esta palavra – NADA";
    c) os vv. 1, 2 e 3 da última estrofe estão em lugar da antiga forma: "E como então minh'alma em desalento frio / cismavasse nesse vácuo, uma esperança morta / murmurou dentro de mim: – E a ti o que te importa,".

63. Supressão do poema "Dernier amour".

64. Supressão do soneto "Virgens profanadas".

65. Supressão do poema "Prisioneiros".

66. Supressão do soneto "Rire funèbre".

67. No soneto "Grito de náufrago":
    a) v. 3, 2º quarteto, "e, em" por "e em";

Nota sobre a presente edição

b) v. 4. do mesmo quarteto, "blasfêmias" substitui "Blasfêmias".

* * *

Registro meu agradecimento ao crítico Fábio Lucas, pelo empréstimo da maioria das obras de Medeiros e Albuquerque, sem as quais o presente trabalho teria sido impossível.

CANÇÕES DA DECADÊNCIA
E OUTROS POEMAS

CANÇÕES DA DECADÊNCIA
(1885-1887)

Canções da decadência

VERDADE

Como se pelo azul rolara decepada
uma cabeça enorme, ensangüentada e loura,
lentamente no mar, cuja amplidão redoura,
atufa-se do sol a esfera abraseada.

E, como colossal e rúbida granada
mancha de sangue o campo onde, ao cair,
[estoura,
ela – ao baixar do oceano à curva rugidora –
de vermelho macula a abóbada azulada.

Então, se a noite estende o crepe funerário
sem do sol recordar que o rubro lampadário
há de, em breve, o romper com vivos arrebóis,

eu penso – ao ver a luta assim dos elementos –
que a Verdade também se oculta por momentos;
mas com brilho maior nos ilumina após.

Lisboa

TRAZES-ME FLORES E SONHOS

Trazes-me flores e sonhos,
leves afagos risonhos,
doces carícias de amor;
queres saber as tormentas
fundas, enormes, cruentas,
que me roubam viço e cor.
Queres, meu anjo, que eu diga
que rude espinho me fere...
Dizes que ria, que espere,
que tenha visões de luz...

Ah! mas não sabes, criança,
que o norte que me conduz
não tem clarões de esperança...
Tem tufões – não tem bonança...
Tem mágoas – não tem sorrisos...
Ah! tu não sabes, na treva,
o desalento que neva
do meu peito nos granizos! →

Canções da decadência

Não sabes que quem me leva
pelas estradas da vida
– como pomba foragida,
que no futuro não pensa –
que o meu guia, minha estrela
é o Arcanjo da Descrença!

Dizes que apague os meus choros
que busque virentes louros
da Glória nos arrebóis...
Eu sei que a Glória é mentira,
sonho por que se suspira,
que tem o brilho dos sóis
e após, em fumo ligeiro,
como as miragens, expira...

Não! Eu não quero coroas...
Basta o riso feiticeiro
com que tu me galardoas...
Só ele pode, ligeiro,
Por um momento somente,
dissipar minhas tormentas
fundas, enormes, cruentas...

Canções da decadência e outros poemas

DEUS

Eu não sei quem tu és. Sei que minh'alma,
nos céus librando o largo vôo ansioso,
jamais encontra do teu céu a calma,
– sombra ilusória de mentido gozo.

E, se minh'asa mais e mais se espalma,
remontando no pego luminoso,
os mundos vejo que ninguém acalma
do Universo no giro portentoso.

Mas, se te busco, ó deus potente e forte,
elo que enlaças a existência à morte,
fonte sublime que criaste tudo,

vejo a Matéria as amplidões enchendo,
vejo a Força seu seio revolvendo,
e só o céu, p'ra confessar-te, mudo...

Canções da decadência

A UMA CANTORA
(em uma festa abolicionista)

Pois que tu – gênio das artes –
da Liberdade aos clarões,
teu nobre fogo repartes
sobre quebrados grilhões,
pois que teu canto sublime
do escravo aflito redime
o sofrimento feroz,
– a ti, de envolta co'as palmas,
rojar-nos também as almas,
as almas de todos nós.

Colhe tu – se tu puderes –
quanta luz, quanta afeição
dos cantos que tu desferes
se envolvem na suavidão.
E em vez dos negros espinhos,
que dos gênios nos caminhos
costumam sempre apontar, ➜

dos negros prantos das dores
que tu secaste, hão de as flores
para cobri-los brotar!

ESTÁTUA

Eu tenho muita vez a estranha pretensão
de me fundir em bronze e aparecer nas praças
para poder ouvir da voz das populaças
    a sincera explosão;

senti-la, quando, em festa, as grandes multidões
aclamam doidamente os fortes vencedores,
e febris, pelo ar, espalham-se os clamores
    das nobres ovações;

senti-la, quando o sopro aspérrimo da dor
nubla de escuro crepe o lúgubre horizonte
e curva para o chão a entristecida fronte
    do povo sofredor;

poder sempre pairar solenemente em pé,
sobre as mágoas cruéis do miserando povo,
e ter sempre no rosto, eternamente novo,
    uma expressão de fé.

– E, quando enfim cair do altivo pedestal,
à sacrílega mão do bárbaro estrangeiro,
meu braço descrever no gesto derradeiro
a maldição final.

LÚCIA

Flor desbrochada em gótica ruína,
sem que um raio de sol, vivo, a calente;
flor, que no cálix virginal não sente
meigo afago da brisa matutina,

nessa cabeça pálida e franzina
quem te lançou dos sonhos a semente?
que dor te fez verter o pranto ardente
que te estiolou da vida a flor divina?

Por que, às vezes, ó pomba imaculada,
numa vaga tristeza mergulhada,
nas devesas em flor cismas errante?

Que sonhas? que procuras? Teu olhar
acha talvez nos raios do luar
vaga lembrança de um país distante?

Lisboa

QUANDO EU FOR DOIDO

Eu sinto que a Razão em mim, às vezes,
como um ébrio sem forças, cambaleia,
e, nas trevas da Insânia, que tateia,
    busca e não acha a luz.

E minh'alma confrange-se tremente,
como criança lívida e assustada,
porque lhe falta a vastidão rasgada
    dos amplos céus azuis!

E eu vos quero pedir, a vós, carrascos,
que heis de – quando chegar o triste dia –
querer me dar a lúgubre enxovia
    de um hospício qualquer,

que me deixeis, ao menos, nesse transe,
afinal, a suprema liberdade
de, em pleno sol, em plena claridade,
    como um doido – morrer!

À BEIRA DE UM TÚMULO

Não venham cuspir o insulto
de uma ironia sangrenta
sobre a face macilenta
desta formosa criança;
não venham falar agora
de um deus de amor e esperança!

Morrer... Morrer, quando a vida
desabrochava florida,
desabrochava risonha!
Morrer na idade sublime
em que a donzela, que sonha,
sonha delícias de amores!

Oh! não... Não venham falar-nos
do deus que lança nas flores
vida, perfumes e encantos...
Deixem as crenças mendazes...
Deixem os hinos e cantos... ➔

Se Deus houvesse, os vorazes
vermes sinistros somente
cantariam negramente
seus louvores, seus carinhos...

Morreu na idade em que as almas
são como tépidos ninhos,
abrigando os passarinhos
das quimeras doidejantes...
Morreu... E eu lembro-me ainda
de a ver tão virgem! tão linda!
passar mimosa, brincando,
com finos risos galantes...

Calem as notas das preces
ao deus que os mundos domina,
deus que sem pena assassina
as doiradas, fulvas messes
das nossas crenças singelas...
Não lancem negros escárnios
sobre a campa das donzelas.

Ela adorava a cadência
das magas valsas ardentes,
tinha n'alma a florescência
das quimeras inocentes...
Era formosa... Era virgem.
Doidejava na vertigem
do torvelinho da vida,
cercada toda de galas,
de doces mimos, de falas
de uma esperança querida.

Canções da decadência

E dizem... dizem que existe
um deus, dos céus nas alturas,
que enxuga os prantos do triste,
que lança o riso e as venturas!
Não venham cuspir o insulto
de uma ironia sangrenta
sobre a face macilenta
desta formosa criança!
Não venham falar agora
de um deus de paz e esperança!

— Canções da decadência e outros poemas —

OSÓRIO

Ele tinha no olhar a luz da Glória,
montava no ginete da Vitória,
        das lutas no fragor,
e a deusa; das pelejas condenada
seguia-o pelos campos, deslumbrada,
        a suplicar-lhe amor.

Das batalhas fatais entre o tumulto,
quando ele erguia o majestoso vulto,
        as bocas dos canhões
soltavam, da batalha nos embates,
entre os rugidos roucos dos combates,
        gritos e saudações!

E as bandeiras, tremendo desfraldadas
dos ventos do Triunfo nas rajadas,
        pareciam saudar
o destemido semideus da guerra,
que passava, lutando, sobre a terra
        as hostes a calcar.

Canções da decadência

Era o titã soberbo da peleja...
Quando o furor das lutas esbraveja,
  quando retine audaz,
erguia, altivo e forte, o largo peito
e tombavam-lhe aos pés – singelo preito –
  as metralhas fatais!

Às vezes, a Vitória, descuidosa,
de bandeira em bandeira, duvidosa,
  não sabia escolher.
Mas ele via perpassar distante
seu país humilhado e agonizante
  e a fazia deter.

Morreu... Cinto de louros luminosos,
nos estandartes nossos gloriosos
  envolvido rolou...
Pátria – mulher formosa, americana –
diz-lhe que sua glória soberana
  dentro de nós ficou.

De geração em geração passando,
nós iremos seu nome venerando
  repetindo ao porvir...
No coração dos novos lutadores
nunca seus verdes louros vencedores
  hão de, murchos, cair!

— Canções da decadência e outros poemas —

PASSANDO...

Por entre a louca multidão ruidosa,
que a seus pés se agitava doidamente,
erguia a calma fronte majestosa
a altiva estátua do guerreiro ingente.
Um dia veio a guerra... Ímpia, sacrílega,
mão estrangeira num furor infando
fê-la rolar partida, enquanto as turbas
    riam, passando...

O ipê robusto sacudia os galhos,
onde cantava a música dos ninhos;
dos céus bebia os matinais orvalhos
ensombrando as alfombras dos caminhos.
Um lenhador chegou. Os ramos da árvore
caíram todos a seu forte mando...
Hoje, no chão deserto, as feras rudes
    seguem, passando...

Tudo passa no Mundo, no Universo...
Tudo segue seu rumo inevitável... ➜

Canções da decadência

No mar, na terra, na amplidão, disperso,
nada perdura eternamente estável.
Prantos de dor, invocações ou súplicas,
quem pode desviar a Sorte, quando,
quando a roda fatal nos toma e leva,
      leve, passando!

Não! Ninguém nos detém... Lábios de virgem,
sonhos nobres de louros e de glória,
nada detém na intérmina vertigem
o turbilhão da vida transitória.
Ó crianças que amais! ó almas cândidas,
que acreditais no afeto amigo e brando,
não busqueis ilusões... O amor mais forte
      morre, passando...

CARMEN

Où passent, en chantant, des rêves de baisers.
JEAN RICHEPIN

Que deus te argamassou numa argila divina,
ó mulher, que és da Forma a encarnação
[radiosa,
mulher, de cujo olhar na chama peregrina
queimas as asas da alma a doidejar ansiosa?!

Que deus, que deus cruel, ó mulher assassina,
te deu a sedução sublime e vitoriosa,
para nos dar a nós a tantálica sina
de não poder cingir-te a carne perfumosa?!

Tu resumes o Aroma, a Luz, a Forma, o Encanto,
tudo quanto há de bom, tudo quanto há de
[santo,
tudo que para o céu nos pode levantar!

Canções da decadência

E no teu corpo excelso, ó diva triunfante,
eu sinto a vibração estranha e provocante
da volúpia sublime, esplêndida, a cantar...

CREPÚSCULO

Quando o sol avermelhado
d'água imerge na planura,
e precede a noite obscura
o crepúsc'lo avermelhado,

paira um clarão desmaiado
lutando co'a sombra escura
que desce da curvatura
do firmamento azulado.

Assim, dentro em mim, da Crença
resta um clarão quase frio,
que inda combate a Descrença,

e, nas ânsias d'esta luta,
– qual crepúsculo sombrio,
hoje a Dúvida me enluta...

Canções da decadência

SOMBRAS

É tarde. Passa alguém nas sombras da campina...
a rajada do vento as árvores inclina,
a névoa estende o véu...
É a hora da calma, a hora do repouso...
Um servo sonolento acende vagaroso
as lâmpadas do céu...

Através da neblina, incerta, desmaiada
desliza uma figura enorme, agigantada.
Na dúbia escuridão
tem o imenso perfil a flutuar enorme...
Perpassa colossal, fantástica, disforme:
— sinistra aparição!

Um caçador audaz, sem medo, sem receio,
apontou friamente... A bala deu em cheio
no sinistro animal.
A visão, que na névoa as linhas aumentara,
que às almas sem vigor nas sombras assustara,
era um cão trivial!

Canções da decadência e outros poemas

Uma figura assim, na névoa da ignorância
dos povos, perpassou na prolongada infância,
da penumbra nos véus.
Quando caiu enfim... era singelamente
humana aparição, a deslizar silente,
e que julgavam um Deus...

Canções da decadência

FORGET ME NOT

Não te esqueças de mim! Não te esqueças,
quer tu sintas sorrir a ventura,
quer em prantos acerbos padeças
da Desgraça na negra tortura!

Não te esqueças de mim! Na minh'alma
brilha sempre o retrato da tua,
como brilha de um lago na calma
a serena beleza da lua.

Não te esqueças de mim! Se na vida
me faltasse teu nome um momento,
da existência na luta renhida,
quem pudera me dar novo alento?

Não te esqueças de mim! É contigo
que minh'alma sonhando se deita.
É teu nome em que eu acho um abrigo
quando sinto a tormenta desfeita.

Canções da decadência e outros poemas

Não te esqueças de mim! És a criança
que no peito somente levanto ...
É em ti que minh'alma só pensa ...
És meu sol! meu amor! meu encanto!

ESTRELAS APAGADAS

Elle vous servira, la foi dans cette fable,
D'étoile à votre chemin.

JEAN RICHEPIN

Cândida estrela, que no etéreo espaço
brilhas com luz encantadora e viva
e atrás da qual minh'alma pensativa
do céu se lança pelo azul regaço,

quando, às vezes, te fito, em mim se aviva
um pensamento nebuloso e baço
e eu cismo que talvez o último passo
nas órbitas do azul deste, cativa,

e hoje essa luz, a luz que nos envias
– astro apagado do correr dos dias –
teu morto foco nem sequer a tem!

Canções da decadência e outros poemas

Então minh'alma, desprendida, pensa
que inda perdura o rutilar da Crença
e Deus – seu foco – se extinguiu também!

Canções da decadência

DO LIVRO DE LAURA

Fui ter à alcova deserta
dos nossos doidos amores.
Achei fanadas as flores
Que tu deixaste ao sair.
Uma saudade profunda
vibrava cheia de encanto:
sentia-se em cada canto
uma lembrança surgir.

Eram – deixados à toa –
teus mimosos sapatinhos
como dois cândidos ninhos,
sem das aves o calor.
Vagos, em torno, no espaço,
como invisíveis cardumes,
vagavam doidos perfumes,
lembrando teu doce olor...

Fino, o tapete felpudo,
junto ao leito abandonado ➔

Canções da decadência e outros poemas

inda lembrava, calcado,
rastos sutis de teus pés...
Do colchão as fofas penas
as leves, lúcidas mornas
das tuas nítidas formas
tinham guardado, fiéis...

Teu alto espelho, de rubra,
de velutínea moldura,
onde a tua formosura
se mirava escultural,
baço, sem brilho, nas sombras,
lembrando a dita perdida,
queria ver-te esculpida
de novo no seu cristal...

E eu, então?! Eu, que conheço
teu mago encanto sublime,
que meu lábio não exprime,
que não sabe de outro assim;
eu, que vi todas as linhas
do teu corpo: – estátua d'arte –
que vivo para adorar-te,
p'ra sentir-te ao pé de mim;

ah! Laura! jamais pudera
contar-te toda a tristeza
que me prendeu na incerteza
de uma ausência tão cruel!
Não fujas mais! Por castigo
não me deixes mais sozinho!
Serei teu servo mesquinho...
Serei teu servo fiel...

Canções da decadência

PELICANO

C'est la chair de ta chair, c'est l'âme de ton âme.
JEAN RICHEPIN

Onde a vaga se quebra em ríspidos lamentos,
junto à costa, onde a rocha é dura e penetrante,
habita, exposta ao sopro aspérrimo dos ventos,
uma ave que é do amor o exemplo culminante.

Por isto ela, que afronta a voz dos elementos,
impassível, sem dor, estóica e triunfante,
vendo o filhinho exausto, em presa a mil
[tormentos,
rasga p'ra alimentá-lo o selo palpitante.

Assim deveis também, ó loucos cismadores,
que na trilha sem fim das lutas e rancores
andais buscando a luz que vos conduza à
[História,

Canções da decadência e outros poemas

sentindo palpitar esse fatal anseio,
rasgar sem medo algum vosso possante seio
p'ra alimentar da campa a vossa filha: – a Glória.

Lisboa

ASPIRAÇÃO

Il demeure, quand même, à jamais implacable.

JEAN RICHEPIN

Eu perguntei do mar à vastidão gigante
se ela esperava aos céus poder chegar um dia
para juntar do azul à vívida ardentia
a ardentia fugaz da vaga murmurante.

E o mar me respondeu que há muito que sabia
ser-lhe vedado alçar-se ao páramo brilhante
do espaço, mas que tinha a força palpitante
de um desejo fatal que aos céus o suspendia.

Olhei... ouvi na praia o proceloso embate
das ondas no ulular das ânsias do combate
em que a terra do mar a aspiração quebranta.

E eu cismei que também numa eterna loucura,
– certa de não poder tocar-lhe na luz pura –
minh'alma para a Glória, ardente, se levanta!

PECADOS
(1887-1889)

À ENTRADA

Esse meu livro devia
ser um livro de criança,
todo verde de esperança,
todo rubro de alegria.

Devia conter somente
ilusões da mocidade,
abrir-se róseo e fremente
numa doida alacridade.

Contar amores... amores
como nós, os moços, temos:
cheios de êxtases supremos
e de infantis dissabores.

Alar-se todo, cantando
os doces hinos da Crença,
ser casto, ser meigo e brando,
ter sonhos de paz imensa...

Canções da decadência e outros poemas

E não é. É mau; é rude;
não guarda nobres encantos;
prefere aos Risos os Prantos,
prefere o Mal à Virtude!

E filho d'uma alma aflita
presa da dúvida insana
d'esta idade, em que palpita
na treva a Consciência Humana.

Sofre de enorme tormento
que lhe rouba a seiva ardente:
d'esta moléstia inclemente,
que se chama "o Pensamento"!

Se busca o riso vivace,
para afastar os pesares,
convulsa, ruga-se a face
em agourentos esgares.

Tem sob a rima sonora
– cadência que prende e agrada –
muita queixa desgraçada
que estua, que geme e chora.

São versos de quem não soube
achar ainda um afeto
que toda a su'alma arroube
num sonho nobre e completo.

Versos de quem muitas vezes
buscou o amor doce e brando
e o viu partir, só deixando
ressaibos de amargas fezes;

Pecados

de quem a amante procura
que resuma o que se exprime
– na Luxúria a mais impura!
– na Quimera a mais sublime!

Canções da decadência e outros poemas

PARA O NADA

Para Delgado de Carvalho

Sempre ao Bem excede a impura
legião negra do Mal!
O Gênio, o Crime e a Loucura
são faces de um só cristal...

A escala, pois, que nos leva
à perfeição mais sublime
– da Insânia avizinha a treva
– fica bem perto do Crime.

E é tudo assim... Quem é forte,
quem sabe fazer-se grande,
em torno de si a Morte,
a Dor e a Cólera expande.

Os bons, os meios, os santos
são seres fracos, mesquinhos,
vivem em queixas e prantos,
vivem pedindo carinhos.

Pecados

A natureza só arma
as gerações vigorosas
pr'a correrem ao alarma
de batalhas pavorosas.

O homem tem a grandeza
lúgubre e imensa do excídio:
sua mais alta nobreza
é este Dom: o suicídio!

Assim, pois, o esforço todo
da Natureza grandiosa
é o desejo imenso e doido,
a ânsia profunda e raivosa

de ver – da Dor sucumbindo
na eterna tragédia insana –
todo o Universo caindo
na paz sem fim do Nirvana.

Canções da decadência e outros poemas

ANTE UM CRUCIFIXO

A Alfredo Coelho Barreto

Há dois mil anos – rude carpinteiro,
que o nosso louco desespero fundo
nos consome, segundo por segundo,
num desgraçado e negro cativeiro.

Há dois mil anos teu olhar profundo
d'esse infamante e trágico madeiro
nos promete sereno e sobranceiro
bálsamo aos desconsolos do mundo.

Há dois mil anos – lúgubre e daninho –
teu vulto posto no meio do caminho
para a Ventura nos impede os passos...

Há dois mil anos que teus lábios mentem...
Basta! Os povos prostrados hoje sentem
ânsia de novos céus, novos espaços...

A DOMADORA

Ela era loira e branca e pálida e formosa
tinha no olhar azul a chama caprichosa
do domínio, do mando altivo e senhoril.
Quando assomava, ousada, o mágico perfil
à jaula, onde rugia a multidão das feras
dobravam docilmente hienas e panteras
a ferina cerviz ao gesto tentador.
Do seu olhar de fogo ao lúcido esplendor,
sentiam-se tremer – tremer como crianças
as feras tropicais afeitas às matanças,
às fúrias e ao calor dos líbicos sertões.
Rojava-se por terra o dorso dos leões,
e ela afagava a rir com suas mãos mimosas
as jubas colossais, sanhudas, temerosas.
Os reis das solidões eram vassalos seus.

Feras que tinham visto a luz de estranhos céus,
que as florestas, à noite, a percorrer, andavam,
que livres, sem temor, as selvas dominavam, ➔

Canções da decadência e outros poemas

tigres rudes e maus, de coração feroz:
todos, na jaula, ao vê-la, ao som da sua voz,
passivos, sem vigor, tremiam mudamente.

Uma vez, ante o olhar do público fremente,
a domadora entrou na jaula colossal,
dos aplausos febris ao coro triunfal.

Entrou calma e gentil. No seu formoso seio
nem houve a pulsação mais leve do receio.
Ao seu gesto de fada, as feras dominou;
co'a mão nervosa e branca o dorso acarinhou
das panteras cruéis de peles marchetadas.

Viu, porém, ao clamor das massas assustadas,
um leão, frente a frente, o seu perfil erguer
e no sanhudo mar da juba a estremecer
perpassar o furor tremendo da revolta,
agitando os anéis da cabeleira solta.

Luziu em seu olhar a chama do terror;
mas logo, recobrando as forças e o valor,
pôde, enfim, novamente, após longos instantes,
ver o monstro baixar as jubas palpitantes.

Frenética ovação no circo restrugiu.

Mas parece que a fera em seu semblante viu
um riso de desprezo... E, brusca, num arranco,
às garras lacerou-lhe o colo fino e branco,
num desespero insano, a ulular de furor.

Houve por todo o circo um momento de horror.
Quando o leão caiu das balas às feridas,
Havia pelo chão um monte de esparzidas
Carnes alvas, em sangue, ainda a gotejar.

Nas órbitas sem luz do leonino olhar
Sentia-se que a raiva, a cólera fremente,
Fizera ressurgir a líbia fera ardente.

Tu, minha doce amada, ó cândida mulher
Que me vês, a teus pés curvado, estremecer,
Que fizeste de mim, de mim, fera altaneira,
Servo dócil e bom, que à sua vida inteira
Só busca inspiração no teu olhar da luz;
Tu, cuja doce voz todo o meu ser reduz
À passiva e fiel obediência louca,
Às despóticas leis da tua rubra boca;
Tu, celeste mulher, mulher casta e gentil,
A cuja lei me curvo humílimo e servil,
– não me lances jamais o teu desprezo frio,
que hás de me ver erguer, e pálido, e sombrio,
como o leão cruel, de líbico furor,
despedaçar por ti o meu imenso amor!

Canções da decadência e outros poemas

COTINHA

A EXMA. SRA. D. EUGÊNIA
DE NEGREIROS ROXO

Tinha nove ou dez anos. Era fina
e graciosa e gentil e delicada.
Uma esbelta criança tão franzina,
como flor mal aberta, à madrugada.

Chamavam-na Cotinha. Era a alegria,
a tetéia da casa. E, tão pequena,
tinha caprichos tais, tal fantasia
que a mãe se enchia de uma imensa pena
a cismar no futuro: "... se algum dia,
ela ficasse pobre... ao desamparo..."

E era tão carinhosa! Amava tanto
o pequeno irmãozinho que, não raro,
se debulhava em pérolas de pranto,
se o castigava a mãe. Nunca a Cotinha, ➤

zangada e pesarosa, se queixava
quando o irmão, por acaso, a maltratava.
Dava-lhe até razão a pobrezinha!

Uma vez que o pequeno ficou doente,
longas horas velou sempre a seu lado
e – pode-se jurar – tão desvelado
jamais houve enfermeiro diligente.

E quando o viu curado? Mal podia
caber em si, vibrando de alegria,
enchendo de barulho a casa toda.
Quebrou na sala duas jarras finas...
Pintou!... pintou a manta... E tão traquinas
e inquieta andou, que parecia doida!

Pobre Cotinha! Esta afeição ardente,
afeição de criança, meiga e pura,
ninguém diria que, sinistramente,
lhe fosse um dia abrir a sepultura...

E talvez fosse um bem... A Morte, em suma,
é o repouso infindo de noss'alma
e não há bem na vida que resuma
a eterna solidão, a eterna calma!

Perto da casa da Cotinha, havia
uma lagoa. À tarde, iam crianças
brincar aí. E sobre as águas mansas,
soltavam barcos de papel, à toa,
e gostavam de vê-los, vagarosos,
irem de leve, brancos e garbosos,
à superfície calma da lagoa. →

Canções da decadência e outros poemas

E outros muitos brinquedos que eu agora
já nem mesmo recordo... Mas um dia,
em que o Pequeno só, se distraía,
tendo a Cotinha estado o dia fora,
afogou-se o menino. Tal desdita
ninguém sabia como se passara,
nem o corpo se achara até então.
Quando a Cotinha veio, esbelta e clara
E risonha e mimosa e pequenita,
quando sentiu a mãe, lívida e aflita,
e viu, e soube que morrera o irmão,

– ela cambaleou... branca... tão branca
como um jasmim que o vendaval arranca
e de rastos, atira nas estradas
e nas estradas rola pelo chão!

E, alucinada, e trágica, e demente,
Prorrompeu... prorrompeu em gargalhadas,
rindo nervosamente, estranhamente.

Como chorava a mãe! Absorvida
na grandeza da dor que nada apouca,
vira de um filho sucumbir a vida...
temia ver a sua filha louca...

E por fora – o sossego. Branda e amena,
a viração no perpassar, serena,
mal enrugava a placidez das águas...
A Natureza... a Natureza fria,
a Eterna Indiferente não sentia
dois tristes corações cheios de mágoas!

E é sempre assim e folga em plena festa,
a alma, em flor, numa doida alacridade,
ela solta, raivosa, a tempestade,
como a dizer-nos, cínica e funesta:
– "Ah! tu rias, bandido?! Geme agora!
Geme, que em trevas eu mudei a aurora,
e esfolharei os teus mais belos cantos,
teu amor, teu porvir, tua esperança...
E, quando a Dor se chega e os vãos encantos
do coração desfaz, ai! a bonança
abre-se, como um riso nos espaços...
Tudo canta e sorri! tudo floresce!
toda a sombra nos céus desaparece
e a alma, sangrando, cai-nos aos pedaços..."

Mas a Cotinha, súbito, parando
a gargalhada atroz do sofrimento,
sentiu brotar-lhe um novo pensamento:
– "Quem sabe?! Ela acharia certamente
o pequeno irmãozinho..."

                                    E, mal cismando
nesta idéia infantil, em um segundo
correu... correu veloz, rapidamente
e atirou-se no lago imenso e fundo...

E que mais vos direi? Do pequenino
o cadáver sumiu-se.
                                    E, quando, fria
despontou, calma e branca, no outro dia,
a Lua, o astro lânguido e divino
que resvala no azul, indiferente, ➜

Canções da decadência e outros poemas

viu da Cotinha o lívido corpinho,
como um berço de plumas e de arminho
do lago à superfície transparente,
a boiar, a boiar, placidamente...

A UM SUICIDA

Tu, sim; tiveste a trágica coragem
de ir procurar a morte, ousadamente.
Não te agarraste às bordas da voragem,
misérrimo e tremente...

Viste que não há nada nesta vida,
onde não brote a sensação da Dor
e que a nossa existência vai perdida,
frágil embarcação sempre batida
num mar cheio de horror.

Viste e tiveste a nobre heroicidade
de quebrar os grilhões de tua sorte:
seguiste firme, com serenidade,
à procura da Morte!

Dizem que é covardia... E, no entretanto,
tremem junto do lúgubre cairel...
Dizem que é covardia... E o medo é tanto
que – só para viver – negam o pranto,
negam a dor cruel...

Canções da decadência e outros poemas

Eu quisera lhes dar o calafrio
que me sacode os nervos doloridos,
que me agita a medula e que, sombrio,
me entorpece os sentidos,

quando eu penso no fim desta existência;
na Morte: a tétrica: a feral visão!
e sei que há de extinguir-se a Consciência
e as Formas rolarão na turbulência
do eterno turbilhão!

De que serve lutar? ser justiceiro?
ser virtuoso e nobre e corajoso?
se a todos traga o abismo derradeiro
do Nada pavoroso...

Este é o espinho agudo que me irrita:
este medo da Morte... este terror...
Pensar que tudo que minh'alma agita
há de tragar enfim – ninguém o evita –
do Inconsciente o negror!

E não me apego aos ídolos que mentem...
E não procuro as ilusões brilhantes...
Meus olhos, sempre abertos, negras, sentem
estas sombras hiantes!

Por isto eu te saúdo... a ti, que a Morte
ousaste sem receio procurar!
Vencendo o medo que me deu a Sorte,
eu, covarde – quisera, ousado e forte,
teu arrojo imitar!

RESPOSTA

A Arthur Azevedo

O Pessimismo d'este tempo insano
não é feito de lágrimas fingidas;
já nem cabe do Verso nas medidas,
tanto ele inunda o coração humano!

Foi tão profundo o triste desengano
das mortas crenças afinal perdidas
que no vácuo das almas doloridas
cresceu o tédio – lúgubre tirano!

Nada ficou de pé... Veio a certeza
de que tudo na imensa Natureza
é simplesmente uma ilusão terrível.

Hoje até mesmo o pranto já nos cansa
nesta medonha e trágica e impassível
bancarrota suprema da Esperança!

Canções da decadência e outros poemas

QUESTÃO DE ESTÉTICA

Eu assistia à eterna discussão
de uns que querem a Forma e outros a Idéia,
mas a minh'alma, inteiramente alheia
cismava numa íntima visão.

Cismava em ti... Pensava na expressão
do teu lânguido olhar, que em nós ateia
um rasto de volúpia e em cada veia
coa as lavas ardentes da paixão.

Pensava no teu corpo, maravilha
como igual certamente outra não brilha,
e lembrei – argumento capital –

que não tens, animando-te o portento
da imperecível Forma triunfal,
nem um nobre e sublime pensamento!

NIRVANA

E pois que o teu olhar,
Senhor, não vem, não desce
e como um sol brilhante não aquece
a alma, em meio da Dúvida, a hesitar,

pois que é baldado e vão
tudo o que a mente aspira
e sentimos apenas a mentira
ao cabo da mais lúcida ilusão;

pois que não vemos Deus
que nossa rota aclare
e nas sendas da vida nos ampare
e nos levante os olhos para os céus;

pois que soçobra o Bem,
como um baixel perdido,
e nas vagas da Dor o homem caído
nem, um gozo sequer, lutando tem:

Canções da decadência e outros poemas

pois que o Belo se esvai
– sonho brilhante e puro
e das auroras negras do Futuro
outro brilho quimérico não sai;

pois que a Verdade até
– única luz restante –
também treme e vacila agonizante,
entre os escombros do porvir, em pé,

que se extinga afinal
a vida derradeira!
e role e caia a Natureza inteira
num aniquilamento universal!

DOMADORES

Há quem pasme dos fortes domadores,
cujo esforço valente e decidido
faz que se curve, de pavor transido,
dorso de fera má, de olhos traidores.

E, contudo, dominam-se os furores
e impõe seu jugo o braço destemido
com qualquer ferro em brasa enrubescido
e artifícios banais e enganadores.

Outros há, todavia, mais valentes,
que a populaça rude não conhece:
são os que domam, vultos imponentes,

esta fera: – a *Palavra*, que carece
para acalmar seus ímpetos insanos
– seiva e sangue de cérebros humanos.

Canções da decadência e outros poemas

CÉREBRO E CORAÇÃO

Dizia o coração: "Eternamente,
eternamente há de reinar agora
esta dos sonhos teus nova senhora,
senhora de tu'alma impenitente."

E o cérebro, zombando: "Brevemente,
como as outras se foram, mar em fora,
ela se há de sumir, se há de ir embora,
esquecida também, também ausente."

De novo o coração: "Desce! vem vê-la!
Dize, já viste tão divina estrela
no firmamento de tu'alma escura?"

E o cérebro por fim: – "Todas o eram...
Todas... e um dia sem amor morreram,
como morre, afinal, toda ventura!"

ESTRANHO MAR

Vênus, deusa imortal da formosura,
quando surgiu do glauco sorvedouro,
trazia às pontas do cabelo louro
pérolas d'água cristalina e pura,

mas do oceano de amor, que bate a escura
prisão d'esta alma, que de sonhos douro,
se – desprezando-o como vil tesouro –
surgisses, nua, em deslumbrante alvura

– bem certamente nos anéis dos soltos,
longos cabelos negros e revoltos,
onde brinca ditoso o meu desejo,

tu não terias d'água leves bagas...
Surgirias trazendo d'essas vagas
em cada fio pendurado um beijo!

Canções da decadência e outros poemas

CANÇÃO BÁQUICA

A Régulo Fausto

Conviva, enchamos as finas taças
dos claros vinhos no loiro rio!
deixem-se as mágoas vãs das desgraças,
do Pensamento negro e sombrio:
seja a Alegria quem do horizonte
derrame os gozos na nossa fronte;

Bebe! Se sentes no arfar do peito
nome de virgem casto surgindo,
verás – do Vinho sublime efeito –
ela a teus braços chegar, sorrindo...
Então, no afeto dos puros beijos,
serão cumpridos os teus desejos.

Bebe! Se queres a eterna glória
para teu nome de luz banhar,
nos olhos baços – febre ilusória – ➔

Pecados

o Mundo inteiro verás clamar...
Vivas, aplausos, gritos ardentes...
as turbas loucas dirão frementes...

Bebe! E se ao cabo da noite escura
– hora de crimes torpes, medonhos –,
o brilho vivo da razão pura
varrer-te acaso da mente os sonhos,
cerra os ouvidos à voz do povo!
– ergue teu cálix, bebe de novo!

Canções da decadência e outros poemas

TRISTES E ALEGRES...

Resposta a versos de Arthur Miranda

Tu, jucundo cantor das alegrias,
alma forrada de estendais de luz,
que não levas das torvas agonias
a desumana e pungitiva cruz,

vai da existência pelo trilho brando
cantando o sol que te redoura a fronte!
Alegre hás de sentir todo o horizonte,
enquanto, alegre, fores tu andando...

Felizes esses que não têm a funda
tortura atroz da idéia, que, cruel,
mesmo os sorrisos da ventura inunda
de um ressaibo amaríssimo de fel!

E olha: eu não amo os velhos romantismos,
que usam do pranto, como jóia cara,
E cujas rimas de perícia rara
são crises vãs de sentimentalismos.

Pecados

Vejo a miséria, a insipidez da vida,
que é como um verde e pútrido paul,
e sei que é sobre nós a desmedida
curva do céu: uma mentira azul.

Então eu vergo irremissivelmente
– sem que a tal mágoa possa achar remédio –
ao negro peso colossal do tédio
por tudo quanto minha vista sente.

E, pois, se creio todo o mundo triste,
é que a Tristeza na minh'alma habita;
nela, entre escombros, funeral, crocita
um corvo: o *Spleen* que dentro em mim existe.

Tu, no entretanto, canta a vida em festa,
canta a alegria que teu peito tem...
Canta depressa! Lembra que, funesta,
pode a amargura te empolgar também!

Deixa-me... Eu vivo para o desalento...
Irei levando pelos meus caminhos,
sob a fronte, viúva de carinhos,
a alma de um velho triste e macilento...

Canções da decadência e outros poemas

ÚLTIMO REMÉDIO

Se tu chegaste enfim aos termos da Verdade,
se viste quanto o Mundo é mentiroso e vão,
se já não crês no deus da velha cristandade,
nem crês também no Amor: o loiro deus pagão,

– sabe ser rude e forte. Ao impassível rosto
ata a máscara audaz do cínico impudor,
aprende a recalcar teu íntimo desgosto
e a fingir a quem chora a mais sincera dor.

Mas – dentro de tu'alma – à torpe hipocrisia
de tudo – porque tudo é refalsado e vil –
lança, como um cautério, implacável e fria,
a Ironia mordaz, herética e sutil.

Pecados

RESPONDENDO A UMA CARTA

É simplesmente um músculo mesquinho
o coração que existe no meu peito.
Por mesquinho, por frágil, por estreito –
não tem espaço para o teu carinho.

Outro, Senhora, deve ser o eleito:
alma onde as ilusões procuram ninho.
Não eu, que não as tenho em meu caminho
para enfeitar do teu noivado o leito.

Eu poderia, eu poderia ainda,
essa afeição, que dizes ser infinda,
pagar co'a infâmia de cruel mentira.

P'ra quê? Tu'alma que de luz se enflora
na minha em sombras seu fulgor sumira...
Risca-me, pois, do coração, Senhora.

Canções da decadência e outros poemas

CONTEMPLAÇÃO

Tenho nos olhos o deslumbramento
de quem o brilho de vivaz estrela
por muito tempo contemplasse atento
– agora mesmo eu acabei de vê-la!

E é tal meu gozo, meu contentamento
quando eu consigo conversar com ela,
que em meus ouvidos conservar intento
a sua voz harmoniosa e bela...

Fico mirando num dormente e vago
sonho, que eu mesmo nem sequer defino,
seu vulto airoso, seu perfil divino...

E o só desejo que na mente afago
era ficar como um faquir do Oriente
fitando sempre essa visão clemente.

Pecados

ANOITECENDO

A Delgado de Carvalho

É quase noite. Crepuscula o dia
na mortalha da treva se enrolando.
Da aragem vespertina, leve e fria,
passa o queixume vaporoso e brando.

Traços d'asas no céu... Na serrania
troncos mirrados erguem-se, estacando.
Os galhos nus semelham a sombria
posição de quem clama deprecando...

Arma-se a eça fúnebre e suspensa
do dia morto... A multidão imensa
das estrelas recama o enorme espaço...

Sobem dos negros as canções magoadas...
Mal se distinguem, longe, nas boiadas,
lentos, os lentos bois marchando a passo...

Canções da decadência e outros poemas

VERSOS SOBRE EDGAR POE

A Araripe Júnior

Grande Poe, eu quisera nesta idade
erguer teu vulto como o de uma estátua
para mostrá-lo em toda a claridade
à geração moderna, à mocidade
     frívola e fátua!

Sim, eu te entendo sonhador exótico,
     estranho sonhador,
eu compreendo teu pensar nevrótico,
     a tua imensa dor.

Eu compreendo em meio do tumulto
d'esta profunda agitação humana
que não coubesse teu heróico vulto
ante o labor desassisado e estulto
     da nossa idade insana...

De que serve esta febre, que nos enleva,
     de Verdade e Real? →

Não vale mais sentir brilhar na treva
    o lume do Ideal?

Pois não é esta vida tão mesquinha,
tão estúpida e vã, tão desgraçada,
que a alma deva querer no espaço, asinha,
despedaçando esta prisão daninha,
    pairar desassombrada?

Sim. E, no entanto, os ídolos quebramos
    da alegria vivaz,
e nossas forças todas anulamos
    num labor contumaz...

Sonhar!... É abrir velas às esplêndidas
lufadas da Ilusão, mansas, macias...
Sentir em doces, em estranhos cânticos,
    embalarem-se os dias...

É como uma janela debruçada
sobre outro mundo, sobre novos céus:
– sentir a Fantasia escancarada
    sem cortinas! sem véus!

É a delícia extrema, é a grandíloqua
aspiração mais alta da noss'alma!
vogar do azul na imensidade olímpica
ora em sonhos terríveis, ora em calma!

Beber! Sentir o Vinho que alastrando-se
no percurso febril das nossas veias,
em rutilantes catadupas vívidas
    nos despenca as idéias!

Canções da decadência e outros poemas

Ó beber é quebrar os laços todos...
é desprender a nossa mente êxul...
é cavalgar sobre os terrenos lodos –
    do Sonho o grifo azul!

Só quem sabe o que vale o vinho rútilo
são os que têm os corações magoados...
A púrpura do Vinho é toda a púrpura
que têm para cobrir-se os desgraçados!

Seja o _delirium tremens_ muito embora
quem teu espírito espantoso enleva:
– és como o impossível de uma aurora
em que brilhasse um sol feito de treva!

Se houvesse, como tu, dez criadores
d'essas visões nevróticas e ardentes,
da insânia nos sublimes esplendores
todos nós rolaríamos contentes!

A loucura cruel que te feriu
se me empolgar o cérebro algum dia:
– tu e eu, nós iremos da amplidão
contra os sonhos falazes da Razão
    semeando a Ironia!

Pecados

TERMINANDO MENSONGES

De Paul Bourget

Eu não creio que o Dante haja sabido
Sofrimento maior que o desta idade
que mina a pouco e pouco a mocidade
e nos tortura o coração ferido.

É um suicídio lento... crueldade
de arrancar cada dia decorrido
algum sonho vivaz e estremecido,
que a alma enchia de luz e alacridade.

Cada livro que lemos é certeza
de novo desabar de íntima crença
de esperança ilusória de beleza...

Nem para Deus erguendo nossos braços
podemos apelar... Deus – dos espaços
fugiu, deixando a solidão imensa...

Canções da decadência e outros poemas

ARTISTAS

Senhora, eu não conheço a frase almiscarada
dos formosos galãs que vão aos teus salões
nem conheço também a trama complicada
que envolve, que seduz e prende os corações...

Sei que Talma dizia aos juvenis atores
que o Sentimento é mau, se é verdadeiro e são...
e quem menos sentir os ódios e os rancores
mais pode simular das almas a paixão.

E, por isto talvez, eu, que não sou artista,
nem nestes versos meus posso infundir calor,
desvio-me de ti, fujo de tua vista,
porque não sei dizer-te o meu imenso amor.

Pecados

CANÇÃO

Por onde quer que, seguindo,
trilhes da vida os caminhos,
ninguém te verá sentindo
como os meus – outros carinhos!

Cerquem teu rosto tão puro
de longos beijos secretos,
não terás mais – eu te juro –
como os meus – outros afetos!

Forrem-te os passos mimosos
de gozos, sonhos e flores,
não terás tão deliciosos
como os meus – outros amores!

Cinjam-te embora, trementes,
novos amantes nos braços,
não sentirás tão ardentes,
como os meus – outros abraços!

Canções da decadência e outros poemas

Eu, porém... Eu, nas sombrias
horas de loucos desejos,
não sentirei nos meus dias,
como os teus – os outros beijos!

MÁGOAS ALHEIAS

A Pardal Mallet

Olham: A vida inteira é qual batalha,
cheia de trevas e de desenganos.
Um deus iníquo sobre a Terra espalha
        sofrimentos insanos...

Vão cumulando as mágoas e as tristezas
dentro dos pobres corações chagados;
sentem da estrada as duras asperezas
        sob os pés macerados...

E um dia, em suma, vendo a dor mais forte,
têm a sublime e trágica coragem
de atirarem-se, intrépidos, da Morte
        à terrível voragem.

Matam-se. Então dos peitos sem alentos –
vivos ainda, pelo azul voando, →

Canções da decadência e outros poemas

como abutres cruéis, os Sofrimentos
saem: sinistro bando!

Saem, batendo as asas... Nos espaços
seguem, negros, rasgando os horizontes.
Quando descem, enfim, poisam-se lassos
por sobre as nossas frontes.

E refletimos: "Por que causa andamos
co'as nossas almas de pesares cheias?..."
E sem saber dentro de nós guardamos
fundas mágoas alheias...

Pecados

VERSOS DIFÍCEIS

Faço e desfaço... A Idéia mal domada
o cárcere da Forma foge e evita.
Breve, na folha tanta vez riscada
palavra alguma caberá escrita...

E terás tu, ó minha doce amada,
o decisivo nome da bendita
companheira formosa e dedicada
a quem minh'alma tanto busca, aflita?

Não sei... Há muito a febre me consome
de achar a Forma e conhecer o nome
da que a meus dias reservou o fado.

E hei de ver, quando saiba, triunfante,
o verso bom, a verdadeira amante,
– a folha: cheia, – o coração: cansado!

Canções da decadência e outros poemas

NO ENTERRO DE UMA CRIANÇA

Trago a blasfêmia nos meus lábios frios
– hei de lançá-la sobre o teu caixão!
Soltem os padres: – vendilhões sombrios –
o grasnido venal do cantochão!

Soltem, que, há muito, d'água benta os rios
correm das tumbas no gelado chão
e nos sepulcros, afinal vazios,
nada dos vermes diminui a ação.

Por isso, junto do teu corpo leve,
que à sepultura descerá em breve,
trazendo os roucos sacrilégios vim.

Se as preces vãs que sobre ti sacodem
nada alcançarem, quero ver, se, enfim,
pôde a blasfêmia o que orações não podem.

A BEM DO SERVIÇO PÚBLICO...

Chove há três dias – uma eternidade! –
longa, monótona, insistentemente...
Debalde todos nós temos vontade
de ver de novo o sol brilhar fulgente.

E andam agora, assim, umas asneiras
de sol e chuva, que ninguém entende:
– se queremos o sol, chove em cachoeiras!
– se esperamos a chuva, o sol esplende!

É, pois, preciso, sem perder segundo,
d'esta incerteza p'ra que cesse o inferno,
por incapaz de governar o mundo
aposentar o velho Padre Eterno!

NA ROÇA

Penso em ti minha amada... A Natureza
se veste, junto a mim, toda de gala
e minh'alma a cismar, muda, resvala
às sombras da saudade e da tristeza.

É meio-dia. O sol no descampado
jorra termas ardentes de fulgor...
Tudo tem vida, tudo tem amor,
– só eu não tenho teu olhar amado.

Oh! se estivesses a meu lado agora,
se em meu ombro pousasses tua fronte,
eu acharia luz neste horizonte,
afeto – em tua boca sedutora!

Nós iríamos juntos nos caminhos,
colhendo as borboletas infantis,
iríamos aos pássaros gentis,
ensinando os afagos e os carinhos.

Pecados

E os lírios brancos do varzedo, quando
perpassássemos rindo entre cardumes
de quimeras e sonhos e perfumes,
tremeriam de inveja, murmurando.

Ao papear dos módulos harpejos
nas ramas dos silvestres matagais
– os passarinhos ledos, joviais,
glosariam, trinando, nossos beijos.

As trepadeiras, enroscando os laços
pelos caules pujantes e rugosos,
conosco aprenderiam os ditosos
ímpetos loucos dos febris abraços.

Ah! mas quem sabe se jamais a fronte
eu no teu colo pousarei, um dia?
Sei que do meu olhar a chama fria,
sem ti, não acha luz neste horizonte.

ILUSÕES

No álbum de Ernesto Sena

Velas fugindo pelo mar em fora...
Velas... pontos – depois... depois, vazia,
a curva azul do mar, onde, sonora,
canta do vento a triste salmodia...

Partem, pandas e brancas... Vem a aurora
e vem a noite após, muda e sombria...
E, se em porto distante a frota ancora,
é pr'a partir de novo em outro dia...

Assim as Ilusões. Chegam, garbosas.
Palpitam sonhos, desabrocham rosas
na esteira azul das peregrinas frotas...

Chegam... Ancoram na alma um só momento...
Logo, as velas abrindo, amplas, ao vento,
fogem pr'a longes solidões remotas...

Pecados

OUVINDO MÚSICA

Ao Dr. Franklin Távora

Não; tu não sabes traduzir as ânsias
doidas, frementes, que o meu ser agitam:
nas vagas da Harmonia não palpitam
    meus anseios de amor.

Dizem que soltas pelo ar as pérolas
da mais ardente e esplêndida poesia,
que tens escrínios ricos de magia,
    de vívido fulgor.

Das valsas loucas nas cadências lânguidas
dizem que ora resumes todo o encanto
do meigo afeto indefinido e santo,
    que o coração contém,

ora expandes, nervosa, da volúpia,
os mais sutis e sensuais afagos →

Canções da decadência e outros poemas

e um veneno de gozo em doces tragos
de cada nota vem...

Só eu não posso navegar impávido,
por sobre as vagas do teu mar sonoro:
eu, que os encantos do Perfume adoro,
quero-o antes sentir!

O Perfume! O Perfume! O Som mais límpido
vos diz acaso o que sugere o Aroma?!
Um gênio sobre vós, lançando assoma
as pérolas de Ofir...

Passam deidades a cantar, esplêndidas...
Coro de beijos pelo ar flutua...
Cada visão que surge – surge nua,
para vos vir beijar...

Não. Na Harmonia não se têm os mágicos
abraços cheios de um amor ardente!
Como às ânsias do Aroma não se sente
a Carne palpitar!

Tudo perpassa sobre as ondas lúcidas,
as ondas turbulentas dos perfumes;
– beijos, carícias, gozos e ciúmes
giram em turbilhões...

A mil quimeras de ventura incógnita
nas nossas almas o prazer desperta
e a barca da existência voga incerta
num mar de tentações...

Pecados

Quando sinto vergar meu corpo exânime,
dos Perfumes ardentes ao abraço,
creio dormir no lúcido regaço
    de mulheres do céu...

Oh! não me falem dos harpejos cálidos,
das delícias do Som sublime e brando.
Perfume! eu quero me envolver, sonhando,
    no teu mágico véu!

Canções da decadência e outros poemas

SERENATA

A Dario Freire

Na insipidez moderna desta idade
já passaram de moda as serenatas...
Esta, eu a fiz, lembrando a suavidade
das nossas noites tropicais, tão gratas
aos devaneios vagos do lirismo
dos velhos tempos bons do Romantismo:

"Vem! as estrelas brilham serenas,
brilham formosas no azul celeste;
geme nos campos, em cantilenas
nos milhos louros, o vento leste...

As eglantinas,
ao curto termo das vidas breves,
as delicadas pétalas leves
soltam franzinas...

Pecados

Pelas estradas, agora escuras,
erram, voando, mornos perfumes...
Das balsas verdes nas espessuras
    há vaga-lumes...

Vem! nós iremos de braço dado
mudos de gozo, de um gozo ardente,
sentindo apenas em nós fitado
dos astros vivos o olhar luzente...

    Vibram nos ares
gorjeios de aves, divinos, ledos...
Bóiam abertos, nos lagos quedos,
    os nenúfares...

Vem! sobre as águas, que as ardentias
enchem de um brilho vago e saudoso,
meu barco espera nas ondas frias,
    leve e garboso...

Nós, abraçados, nele entraremos,
e, sem que busques no espaço vê-las,
hão de ao cadente bater dos remos
brotarem, ledos, milhões de estrelas...

    Vem! Enlaçados,
quem pôde acaso saber, perdidos,
o que traduzem nossos gemidos
    entrecortados?!

Os astros calmos verão somente,
rasgando as algas, do barco a proa,
vogar de manso... vogar silente...
    à toa... à toa...”

Canções da decadência e outros poemas

PIOR, PIOR AINDA

Oh! Natureza! Natureza fria,
de cujos seios toda a vida pende!
Deusa que as flores nos rosais estende!
Deusa que os vermes aos rosais envia!

Mãe! quando chegue o derradeiro dia
da vida má que em meu olhar se acende,
e a luz que nele a refulgir esplende
apague a sua esplêndida ardentia,

Mãe! de meu corpo se sair aflita,
uma alma, a procurar, onde, maldita,
possa em teu dorso colossal pousar,

torna-a! revive-a mais cruel ainda!
faz que, animada de uma fúria infinda,
ruja na goela de feroz jaguar!

Pecados

NAS RUÍNAS DE UM MOSTEIRO

Templo fechado ao labutar profundo,
nave deserta, solitária, enorme,
em ti dos prantos o vestígio dorme
de quanta virgem tu roubaste ao mundo!

Quando a floresta ramalhar sombria,
murmure ao longe maldições tremendas!
Afaste o passo o viajor das sendas,
que a ti conduzem na solidão bravia!

Do altar fendido no vivaz granito
vegetem cardos derramando espinhos
e o solo em torno de sarçais maninhos
todo se cubra como um chão maldito!

Venham nos mantos das imagens tuas
corvos sombrios esterçar à noite,
e o vento os rasgue com feral açoite,
deixando as virgens ao relento, nuas.

Canções da decadência e outros poemas

Há muito choro no silêncio triste,
nos claustros negros d'esta vil prisão
quanta batina pelo mundo existe
não basta ainda p'ra limpar-lhe o chão!

Pecados

NIHIL

Tanta luta cruel! tantos cansaços
agitam loucamente a Terra escura!
e nós vamos em busca da Ventura,
clamando embalde pelos vãos espaços.

Vamos pela amplidão erguendo os braços
a perscrutar dos céus a curvatura,
e da existência pela trilha impura
não acham pouso nossos membros lassos!

Olhos fitos ao longe, – ao longe vamos,
procurando o Ideal que desejamos
achar ao termo da cruel jornada...

Ei-lo que surge um dia: – É pó somente!
– Que nos pode restar, se tudo mente?
– A aspiração imensa para o Nada!

TEMPESTADE

A Dario Freire

Andam por certo na flortesta escura
sátiros ébrios sacudindo os troncos...
Há pavorosos e terríveis roncos
na goela estéril da montanha dura...

Chove... Desabam catadupas brutas
no dorso negro e funeral da terra...
Chispas rebrilham de medonhas lutas
de mil titãs em temerosa guerra...

A luz estende pelo ar funéreas
mortalhas brancas de esmaiada tinta;
dos astros louros e gentis – extinta,
não brilha a chama nas soidões etéreas.

O mar... o mar alucinado, doido,
urra, empolando os vagalhões irados,
que sobre as praias arremessa a rodo,
com lastimosos, com plangentes brados...

E há quem agora a tiritar, medroso,
trema e, de prantos rorejando a prece,
a Deus implore que a bonança apresse,
que se desfaça o temporal iroso!

Oh! não!... Há sempre sob o firmamento
muito rugido! muita dor profunda!
Ninguém abafa o perenal lamento
que em vão prantos a miséria inunda!

Tu, pois, Tormenta – p'ra que enfim acabe
da Dor o negro pecado infando –
vê se, em teus braços colossais a alçando,
fazes que a Terra com fragor desabe!

Vê se do Nada à solidão sombria
arrojas tudo com furor insano!
Só mesmo então nessa amplidão vazia
se há de apagar o sofrimento humano...

Canções da decadência e outros poemas

AMOR DEFESO

Há mulheres assim... Noss'alma ao vê-las
vai de rasto seguindo-as nos caminhos,
haja flores no chão ou haja espinhos,
tenha sombras o céu ou tenha estrelas.

Quem as pode evitar? Surgem-nos belas
e aos nossos tristes corações maninhos
vêm trazer a esperança de carinhos
e agitar-nos em íntimas procelas.

Sentindo-as, nosso espírito na vaga
da paixão, ora surge, ora naufraga,
como nas sanhas de um bulcão desfeito.

Mas, quando as lutas serenando vemos,
aos arcanos mais íntimos descemos:
– vazio achamos de ilusões o peito!

Pecados

QUADRO DE GOYA

Era um quadro de Goya, o tétrico pintor
que em seus painéis deixou a pavorosa traça
de um fantástico amor às telas da Desgraça,
cheias de um desusado e extravagante horror.

Um morto, levantando a lápide pesada
do sepulcro, erguia o corpo apodrecido,
e, p'ra dizer da Morte o mistério insabido,
lentamente traçava esta palavra: NADA.

E como por minh'alma, então, um calafrio
de horror me perpassasse, uma esperança morta
murmurou dentro em mim: – "E a ti isso que
                                    [importa,
se nada tens também no coração vazio?"

Canções da decadência e outros poemas

PROCLAMAÇÃO DECADENTE

A Olavo Bilac

(Carta escrita por um poeta
a 20 de Floréal,
sendo Verlaine profeta,
e Mallarmé – deus real.)

Poetas,
são tempos malditos
os tempos em que vivemos...
Em vez de estrofes, há gritos
de desalentos supremos.

Se algum d'entre vós, cantando
nos banquetes ergue a taça,
sente, convulsa, pesando,
a mão fria da Desgraça!

O Sorriso é tredo aborto
de algum soluço contido, ➜

à beira dos lábios morto,
pelo Escárnio repelido.

E o Pranto – se o Pranto ardente
banha uma face sombria –
vem do excesso do pungente
riso mordaz de Ironia.

Que resta? Todas as crenças...
todas as crenças morreram!
Ficaram sombras imensas,
onde lumes esplenderam...

Que resta? A Dúvida horrível
os sonhos todos crestou-nos...
A Natureza impassível,
Só conta invernos e outonos.

Se, pois, na Glória inda crerdes,
há de enganar-vos a Glória!
Murcham-se os louros mais verdes
nas folhas éreas da História...

Os Poetas do Sentimento,
que pintam a sua idade,
vão morrer do Esquecimento
na profunda soledade.

E neste tempo em que o Homem
se altera e diferencia,
breves, os cantos se somem
na indiferença sombria.

Canções da decadência e outros poemas

Pode a Música somente
do Verso nas finas teias
conservar no tom fluente
tênue fantasma de idéias;

porque é preciso que todos
no vago dessa moldura
sintam os estos mais doidos
da emoção sincera e pura;

creiam achar no que apenas
é tom incerto e indeciso
dos seus sorrisos e penas
o anseio exato e preciso.

Que importa a Idéia, contanto
que vibre a Forma sonora,
se da Harmonia do canto
vaga alusão se evapora?

Poetas,
eu sei que, sorrindo,
zombam de nós os descrentes,
– Deixai! Ao pé deste infindo
ruir de ilusões ardentes,

nós, entre os cantos sagrados,
que só tu, Poesia! animas,
passaremos embuçados
em áureos mantos de rimas!

A ÉMILE ZOLA

Maître,
      serait-ce donc hallucination?
– Parfois des yeux de fou sont des yeux de
                  [prophète:
et l'âme est un miroir où l'Avenir projette
quelque étrange et, pourtant, vraie apparition.

J'ai vu ceci: – l'auguste et noble légion
de tous ceux dont la Gloire a ceint la belle tête
passait. Chacun d'un siècle emporté sur le faite,
montrait d'un livre d'or l'astrale inscription.

Subitement la lente et grave théorie,
s'arrêtant sur le seuil de ce siècle en furie,
a dit: – "Quel est ton livre, âge au bruit infernal?"

Ce siècle a répondu: "C'est la sombre épopée
de l'humaine douleur. Prenez. C'est *Germinal*!
Le cortège a repris sa marche cadencée...

Canções da decadência e outros poemas

GRITO DE NÁUFRAGO

Se um feminino olhar formoso e brando
por estas folhas perpassou, bondoso,
e, aos poucos, doce e triste, foi sondando
d'este meu coração o antro lodoso;

se viu das mágoas o agoureiro bando
abafar os meus cânticos de gozo
e, em rugidos sinistros ululando,
das blasfêmias o coro doloroso,

– que o saiba desse olhar a chama casta
– em minh'alma sem fé, perdida e gasta,
há lugares talvez puros ainda...

– Quereis vê-los brilhando claramente?
– Dai-me, sublime luz! a luz ardente
de uma nobre afeição sincera e infinda!

ÚLTIMOS VERSOS
(1888-1901)

NOIVA PERDIDA

Fragmentos de um diário íntimo

I

1889. 15 de maio. Meia-noite.

Vinhas do teatro? Há pouco, leve e doce,
vi teu meigo perfil... Ias sorrindo,
como se acaso a teus ouvidos fosse
soando ainda um galanteio lindo...

Revelou-me o teu vulto o delicado
rasto da essência de que gostas tanto.
Voltei-me. Ias já longe. No entretanto,
vendo o fino sorriso, debuxado
no rubro til da tua rubra boca,
evoquei a meus olhos o passado
e pensei – ao lembrar, triste e perdido,
todo o meu sonho do porvir traído –
que eu não fui mais que uma criança louca...

— Canções da decadência e outros poemas —

II

24 de junho. Depois de um baile.

Podes andar a rir, de festa em festa:
não se risca o Passado facilmente;
alguma cousa na memória resta,
a perturbar o coração contente.

Hás de lembrá-la, a noite deliciosa,
a doce noite do primeiro amor!
Hás de lembrá-la, embora descuidosa,
rias do antigo e juvenil ardor!

A sala inteira, nessa noite, ao canto
de uma voz de mulher, clara e divina,
tremia sacudida pelo encanto
de uma emoção sincera e peregrina.

Era um hino de dor, que dois amantes
murmuravam, morrendo, a soluçar...
Parecia que as notas arquejantes
orvalhavam de lágrimas o ar!

Foi então que, num simples movimento,
olhamo-nos, acaso... E toda a sala,
do meu olhar no teu olhar fitado,
do teu olhar no meu olhar atento,
cada olhar do outro olhar na luz banhado,
toda a sala apagou-se, muda e escura...
Hoje, três anos faz... Hás de lembrá-la,
hás de lembrá-la, a noite da ventura!

Últimos versos

III

Julho.

A asa do vento iracundo,
de uma a outra, em rumo certo,
carrega o pólen fecundo
das palmeiras do deserto.

Vai, como a ti, transportado
no alento vão destas linhas,
todo o meu pranto magoado,
contando-te as queixas minhas...

IV

2 de agosto.

Os meus versos de amor todos, rasguei-os...
Tanto minh'alma tinha neles posto,
tanto eles 'stavam de amargura cheios,
que num dia de cólera e desgosto
quis atirá-los ao esquecimento.
Ah! como eles se foram, tão de leve,
borboleteando ao deslizar do vento,
também pudesse num momento breve
ir todo assim meu louco sofrimento!
Uns – os que eu fiz na noite amaldiçoada,
na horrível noite do teu casamento –
lembro-os ainda. Às vezes, a magoada
cadência d'eles sobe, dolorosa,
sobe, a cantar-me tristemente na alma.
Versos cruéis...

Canções da decadência e outros poemas

A treva silenciosa,
a doce mãe dos corações feridos,
toda no espaço se alastrava calma...
Noite profunda, noite escura e fria...
No sossego infinito, em sons perdidos,
um queixume do mar, longe, carpia...

Eu andava sem rumo, ia, cansado,
pensando em ti... E imenso, e louco, e estranho
um sofrimento gêmeo das loucuras,
como jamais pôde existir tamanho,
trazia ao meu olhar alucinado
a nitidez das cenas mais impuras...

Vi-te depois no leito do noivado,
tendo apenas o branco da camisa,
mal sobre a tua pele rósea e lisa,
a vestir o teu corpo delicado...
Tinhas deixado o véu; tinhas desfeito
as largas ondas do cabelo escuro
e palpitara de emoção no peito
teu meigo e nobre coração tão probo,
quando afinal viste cair despido,
entre os ramos de flor de laranjeira,
teu deslumbrante e esplêndido vestido.

Era de seda branca (lembro-o ainda!),
de uma seda _moirée_ que, à mais ligeira
ondulação, vibrava à luz, brilhando.
Tinha a beleza sedutora e linda,
que dás a tudo. Apenas, enfeitando
a barra em torno, um fio delicado
de botões o cingia. E, quase ao solo, →

108

Últimos versos

solto à direita, um ramo pequenino
parecia cair abandonado.

Nem pela noite trágica e sombria
da cabeleira real, nem pelo colo,
nem pelo pulso delicado e fino,
nem por todo o vestido esplandecia
uma jóia qualquer...

E docemente
tudo te foi despindo...
O alvo corpinho
caiu também... E então, morno e tremente,
livre afinal no perfumoso ninho
das rendas da camisa, o róseo seio
tremeu, medroso e solto...

E tudo... tudo,
tudo isto eu via aparecer no meio
de uma alucinação desordenada,
p'ra que a meu ciúme doloroso e mudo
d'esse tormento não faltasse nada!
Vi-te no leito após. Senti teu beijo
vibrar, sonoro e doce, ao meu ouvido,
e pareceu-me ver rubro de pejo
o teu rosto gentil...

Um sofrimento
igual àquele d'essa hora louca
nunca meu coração tinha ferido!
Cantam... cantam ainda em minha boca
os versos que então fiz, versos de lava,
versos de lava e fel... Trêmula e rouca,
minha voz pela noite os declamava...

Canções da decadência e outros poemas

Tanto minh'alma tinha neles posto,
tanto eles 'stavam de amargura cheios
que, num dia de cólera e desgosto,
os meus versos de amor todos, rasguei-os.

V

Agosto. Depois de uma festa religiosa.

Ave, deusa das deusas, pura e bela,
deusa cheia de eterna majestade!
Bendita sejas tu, bendita aquela,
de cujo olhar a doce claridade

um momento brilhou na minha vida,
como um astro de amor, formoso e puro,
que à minha fronte pálida e abatida
mostrou sonhos de glória no futuro!

Bendita aquela, que me lança agora
todo o opróbrio fatal do seu desprezo.
Bendita aquela por quem inda chora
meu coração que, eternamente preso,
segue-a de rastos pela vida fora...

Eu tomarei o seu quinhão de dores,
o seu quinhão de prantos e amarguras...
Andem asas de arcanjo, em torno d'ela,
a cobrir a sua alma de venturas,
o seu caminho a tapetar de flores!

Ave, Deusa das Deusas, pura e bela!

VI

20 de maio.

São como certos bandidos
da Calábria os teus brilhantes
    olhos radiantes,
olhos cheios de encantos atrevidos
E como os tais celerados,
que após os crimes malditos
    rezam, contritos,
preces por alma dos assassinados,

teus olhos – bando assassino –
pelos que os seus esplendores
    matam de amores,
vestem de luto seu clarão divino...

VII

189...

Provaste enfim dos beijos do adultério
    o sabor delicioso,
quiseste desvendar todo o mistério
    do proibido gozo.

Alma, que foste como o mais nitente
    lírio branco dos vales,
deixaste em turva e paludosa enchente
    despencar-se o teu cálix...

— Canções da decadência e outros poemas —

Deixaste... e apesar disto, à minha boca,
    como dantes ainda,
sobem hinos por ti da mesma louca
    adoração infinda.

A mulher, que corou quando me disse
    a confissão primeira,
hoje, até mesmo se eu acaso a visse
    tornada em vil rameira,

só p'ra não ver quebrar os mais formosos
    sonhos da minha vida,
eu creria os meus olhos – mentirosos,
    minha razão – perdida!

Podes cair ainda mais... Contigo,
    calcando as minhas dores,
hei de seguir como um rafeiro amigo,
    hei de ir onde tu fores.

Podes descer à abjeção escura,
    ao lodo a que quiseres,
tu serás para mim sempre a mais pura
    de todas as mulheres!

— Últimos versos —

17 DE NOVEMBRO DE 1889

(Por ocasião da partida de D. Pedro II)

Pobre rei a morrer, da velha raça
dos Braganças perjuros assassinos,
hoje que o sopro frio da desgraça
leva os teus dias, leva os teus destinos
do duro exílio para o longe abrigo,
hoje, tu que mataste Pedro Ivo,
Nunes Machado e tantos mais valentes,
hoje, a bordo da nau, onde, cativo,
segues, deixando o trono – hoje tu sentes
que enfim soou a hora do castigo!

Pobre rei a morrer, – de Sul a Norte,
a valorosa espada de Caxias
com quanta dor e quanta nobre morte
da nossa história não encheu os dias,
de sangue as suas páginas banhando! →

Canções da decadência e outros poemas

Digam-no dos Farrapos as legendas!
Digam-no os bravos de 48!
Falem ainda as almas estupendas
de 17 e 24, – afoito
grupo de heróis que sucumbiu lutando.

Alma podre de rei, que, não podendo
ganhar amigos pelo teu heroísmo,
as outras almas ias corrompendo
pela baixeza, pelo servilismo,
por tudo quanto a consciência abate,
– alma podre de rei, procura em volta
do teu ruído trono desabado
que amigo te ficou, onde a revolta
possa encontrar indômito soldado
que lhe venha por ti dar-nos combate.

De tanta infâmia e tanta covardia –
só covardia e infâmia, eis o que resta!
A matilha, a teu mando, que investia
contra nós, – nesta hora tão funesta,
volta-se contra teu poder passado!
Rei, não se ilude a consciência humana...
Quem traidores buscou – acha traidores!
Os vendidos da fé republicana,
os desertores de ontem – desertores,
hoje voltam do teu p'ra o nosso lado!

Vai! Que as ondas te levam mansamente...
Por esse mar, que vais singrar agora,
– arrancado a um cadáver inda quente –
anos há que partiu, oceano afora, →

Últimos versos

o coração do heróico Ratcliff[1].
A mesma vaga que, ao levá-lo, entoava
do livre mar eterno o livre canto,
como o não redirá, sublime e brava,
ao ver que passa no seu largo manto,
da monarquia o lutuoso esquife!

---

1. João Guilherme Ratcliff (1785-1825), poeta revolucionário português, membro da Sociedade Literária Patriótica, que, transferido para o Brasil, apoiou a luta dos insurretos pernambucanos no começo do século XIX e morreu na forca em 17 de março de 1825, ocasião em que recitou um soneto atacando duramente o Imperador.

Canções da decadência e outros poemas

NOITE DE INVERNO

Penso em ti... A noite é fria.
Por fora a treva se espalha
cobrindo a terra sombria
como uma imensa mortalha...

Penso em ti... Quisera agora
sentir-te, bela, a meu lado,
banindo a sombra ante a aurora
do teu olhar encantado!

Arde-me o lábio em desejos.
Pudesse teu corpo inteiro
cobrir de beijos e beijos,
neste momento fagueiro!

Iriam, como um cardume
de abelhas em revoada,
beber o intenso perfume
da tua pele assedada.

Últimos versos

Sonho – ao passar amoroso
do meu lábio morno e brando –
que calafrios de gozo
tu sentirias, vibrando!

Teu corpo moreno e fino
só de lembrá-lo parece
que no seu fogo divino
toda a minha alma se aquece!

E a noite é fria. – Na treva
o vento que aos uivos passa,
sinistro, nas asas leva
longo clamor de desgraça...

Numa rua, um pequenino
músico louro nest'hora
morre tirando ao violino
a última queixa sonora...

Sucumbe – pobre criança! –
como minh'alma que, morta,
tomba à míngua da esperança
que às outras almas conforta!

Mas da Morte ao negro arranco
como esse louro pequeno,
que inda ao cair, frio e branco,
vibrava um canto sereno, –

minh'alma oculta a tristeza
da sua mágoa chorosa,
para cantar a realeza
da tua Carne gloriosa!

VIAGEM MATINAL

A Soares de Souza Júnior

Enfim, partimos. Alta madrugada.
Rubra fita ao levante o dia esfuma...
Pela extensão vastíssima da estrada,
o trem – monstro disforme – ulula e fuma...

Vales e serras... Ouve-se a zoada
da água, que sob as pontes brame e espuma...
Montes erguem a fronte desnudada,
mal enroupados no lençol da bruma...

Rebenta o sol. Nos galhos das florestas,
trapos de névoas, em expansões de festas,
tremem, como bandeiras, ondulando...

Vamos... vamos seguindo... A voz robusta
da máquina, a bufar, do trilho assusta
das pombas-rolas o travesso bando...

Últimos versos

FLOR DE PÂNTANO

Jaz como um triste olhar vidrado e frio,
     que a morte adormeceu,
a lama verde do paul sombrio,
onde uma flor ergue a corola ao céu,

no azul, a lua, quando o espaço banha
     e inunda o monte e o val,
beija, amorosa, aquela flor estranha,
pura e branca, a emergir do lodaçal...

Não temas, pois... Se na minha alma escura
     há lodo imundo e vil,
tua memória – flor mimosa e pura –
ergue bem alto o imaculado hastil!

Canções da decadência e outros poemas

INDISCRIÇÃO

Quando um sujeito, há pouco, me dizia
que eras o tipo da seriedade,
lembrei – perdoa-me a leviandade –
lembrei aquele delicioso dia,
em que no teu jardim fui encontrar-te.

Tu, que me dizem que és uma senhora
casada e séria, hás de negar agora
que nos tenhamos visto em qualquer parte.
Negarás. Pouco importa! Mas o certo
é que, escondidos sob os verdes ramos
das roseiras do teu jardim deserto,
sofregamente, um dia, nos beijamos.
Lembro-me ainda de que havia perto
uns verdes morangueiros carregados,
e os beijos, nesse delicioso enlevo,
foram tão doces e tão demorados,
que a contar tudo aqui eu nem me atrevo...

120

Últimos versos

Sei que, mais tarde, tua mãe, notando
dos seus belos morangos o canteiro
todo pisado, – disse, lastimando,
que não sabia como o jardineiro
em um destroço tal não reparara.

Tu, os olhos baixando vergonhosa,
toda coberta de infantis rubores,
foste saindo. E só então, formosa,
– oh! que morangos comprometedores! –
vi as costas da tua roupa clara
todas cheias de manchas cor-de-rosa...

Canções da decadência e outros poemas

A LIBERDADE VITORIOSA

Quadro de Urbain Bourgeois – Salão de 1888

À mão da Liberdade brilha acesa
a espada do triunfo altiva e forte,
rola nas sombras trágicas da morte
da tirania a lúgubre torpeza.

Tem no pulso imortal grilhões partidos,
distende em pleno céu as asas largas;
das derrotas nas lágrimas amargas,
uivam na noite os ódios dos vencidos.

Mãos crispadas de raiva da realeza
do seu manto de luz, nas trevas fundas,
tocam debalde a imácula pureza...

Em vão, deusa sem par, que os oprimidos
sabes remir! Eterna, entre os gemidos,
a alma dos povos de esperança inundas!

— Últimos versos —

COELI ENARRANT...

(Salmo XVIII)

Terra e céus, minha amada, no teu rasto
cantam, publicam tua imensa glória!
Em torno de teu vulto meigo e casto
vibra um clangor sonoro de vitória!

Não há verso de amor que ao mundo cante
os hinos da Paixão,
como do teu olhar vivo, o brilhante
o lúcido clarão!

Qual a polpa de um figo rubro e doce,
deve de ser a tua boca ardente...
Abelha ou beijo, bem feliz quem fosse
pousar no seu regaço longamente!

Do ligeiro roçar dos teus vestidos
sai, num doce rumor, ➜

Canções da decadência e outros poemas

um gorjeio de pássaros perdidos,
um sussurro de amor...

Quando tu passas triunfantemente,
toda em pompas de festa, a alma se enflora;
foge das mágoas a legião dolente,
asas abrindo pelo espaço afora...

Hosana! Hosana! Pelos teus caminhos
cede a treva ante a luz,
calam-se os prantos, quebram-se os espinhos,
brotam rosas a fluz![1]

Se ante meu passo, esplêndida, apareces,
tens mais nobreza que uma Virgem Santa!
Um murmúrio súplice de preces
dentro de mim, em coro, se levanta...

Sinto que, sem que nunca me queixasse
nos transes mais cruéis,
emprestaria, alegre, minha face
de escabelo a teus pés!

Surgisses tu, surgisses tu, formosa,
aos eremitas velhos e curvados,
e o sangue, ao ver-te, em onda vigorosa,
lhes rebentara aos corações cansados!

Bíblia do Belo! Às almas dos descrentes
volta de novo a fé, →

---

1. Em lugar de "a flux", por imposição eufônica.

124

Últimos versos

quando, ostentando as formas imponentes,
te ergues, altiva, em pé!

Não te insultem meus versos... As mesquinhas
canções que o meu amor alenta e gera
buscam em ti, migrantes andorinhas,
o segredo da eterna primavera!

Canções da decadência e outros poemas

FUZILADO

A Alcindo Guanabara

De pé no calabouço, ouviu ler a sentença
que o condenava à morte. Uma tristeza imensa
transluziu-lhe do olhar na luz serena e doce.

Acabada a leitura, a escolta retirou-se
atrás do oficial. – À porta, o carcereiro,
dando volta na chave enorme, galhofeiro,
dizia à sentinela, ao batente encostada,
morta de sono: "Então mais outro, camarada?!
Isto vai tudo raso..." E, rindo-se, e zombando,
foi pelo corredor adiante, chocalhando,
fazendo tilintar as chaves ferrugentas...

Foi-se; fez-se o sossego... Apenas, graves, lentas,
batiam no lajedo as passadas do guarda,
rondando à porta, ao ombro a pesada
                                    [espingarda. →

126

— Últimos versos —

Dentro, fito num ponto, o olhar do condenado
parara, cheio d'água, a sentir o Passado
desdobrar-se, febril, num galope de sonhos...
E da escura prisão entre os muros tristonhos
tudo, tudo, de novo, a seus olhos chorosos
a memória evocava:
                                    – os tempos deliciosos
da descuidosa infância; – em torno à velha casa
os seus largos gerais, campos que a erva rasa
cobre numa extensão imensa, indefinida,
em que a vista se perde e, à força desmedida
do pampeiro infernal, quando ele uiva e
                                    [murmura,
treme, como um oceano enorme de verdura
mal agitado à tona; – a tortuosa estrada,
como cinzenta fita estreita e desdobrada;
– a carreira veloz dos cavalos em pêlo
soltos a toda brida, e o gaúcho, que, ao vê-lo,
se cuida ver surgir algum centauro antigo...
Depois, meigo perfil, lembrava o rosto amigo
da que fora p'ra elle o seu único afeto... –

Acudia-lhe à vista o recanto discreto,
onde, a primeira vez, a tremer, comovido,
lhe murmurou baixinho um segredo ao ouvido.
E outra, muito depois...
                                    – Crepe em ondas, silente,
vinha a noite descer. No canavial fremente,
junto à boca do poço, ouvia-se que o vento
passava – e sua voz era como um lamento.
Anjos, furando o azul da cúpula celeste,
punham olhos de luz no espaço. E forte, e
                                    [agreste, →

127

Canções da decadência e outros poemas

da pradaria em flor o cheiro penetrante,
invadia os pulmões.

Ela veio. Hesitante,
creu sentir um rumor; mas nada ouviu. Sonora,
soltando uma canção, da estridulante nora
puxou, cantando, a corda.

Ao vê-la descuidosa,
de súbito, ele teve a audácia perigosa,
a audácia sem igual, que os tímidos, às vezes
revelam, num momento, afrontando revezes,
e perigos sem par, de repente... Seus beijos
cantaram, vitoriosa, a estrofe dos desejos
do amor, altos, ali, vibrando longos, lentos.
Depois... – Mas para que contar tudo o que os
                                        [ventos
dissiparam passando, o que as estrelas viram,
o que os dois nessa noite esplêndida sentiram,
do verde canavial ocultos entre as plantas?

Ide, porém, saber do condenado quantas
horas de louco amor ali passou... Saltando,
no seu pranto, heis de ver todo o tormento
                                        [infando
dessa recordação do seu morto passado.
E acode-lhe à lembrança o quadro inapagado
da partida, uma tarde, ao pôr do sol.

Recruta
inexperto, na forma, a face não enxuta
do pranto, incerto o passo, ia, triste, marchando.
Esperava-o a noiva, ao caminho, entre o bando
do povo, que, p'ra ver os batalhões, chegara.
Das espadas à luz tremeluzia a seara, ➔

128

Últimos versos

Onde o sol esbatia os raios derradeiros.
Clarins, altos, no espaço, em cânticos guerreiros
pareciam rugir os halalis da glória.
Andava em tudo aquilo uni clamor de vitória,
um sopro de epopéia, a sacudir as almas.
Estrugiam no chão, cadenciadas e calmas,
marchas de batalhões e batalhões, passando.

Ele ia, maquinal... De súbito, avistando
a noiva, sem pensar, atirou-se-lhe aos braços,
rompendo a fila... E logo estreitou-a em abraços
longos, fortes, febris, beijando-a loucamente.
Nem distinguia a voz do capitão, fremente
de zelo e de emoção. Rolara-lhe por terra
a espingarda... Morria o sol, no alto da serra...

Depois?
        Depois lutou como um bravo. Na luta,
tinha a audácia febril inconsciente e bruta
de quem não sabe ver onde o perigo existe.
Brilhava-lhe na luz do olhar severo e triste,
como um louco cartel de desafio à sorte,
vontade tão tenaz de provocar a Morte,
que a Morte, diante dele, a evitá-lo fugia!

E na guerra, afinal, em cada novo dia,
foi subindo de posto. Hoje, a sua memória
fulgiria de pé nas páginas da História,
se não fosse o fatal e trágico acidente...

Foi após um combate. A luta fora ardente
A coragem sem par que o desespero instiga
animara na ação a falange inimiga. →

Canções da decadência e outros poemas

Por três vezes, mentindo, um clarim pressuroso,
atirara no campo o grito vitorioso...
Só, porém, quase ao vir da noite, pela ponta
da asa, apanhou-se ao vôo, entre a fumaça,
[tonta,
a águia que traz na garra o louro das batalhas.

Calou-se pelo campo o estouro das metralhas,
o sossego desceu.
As goelas fumegantes
dos enormes canhões bocejaram hiantes.
E por sobre o estertor profundo dos feridos,
sobre os mortos, no chão, ao acaso, cabidos,
armou-se todo em luto o vasto firmamento.
De leste a oeste, a noite, em passo grave e lento,
mergulhando na luz um hissope, seus rastros
mareava, a desparzir fulvo chuveiro de astros...

E a bruta soldadesca, inda quente do ataque,
na cidade vencida, atirando-se ao saque,
roubando, assassinando, ébria pelas vielas,
maltratava, covarde, indefesas donzelas...

Afastado, a pensar, ao ver essas pilhagens
como podem heróis transformar-se em
[selvagens,
ele seguia só...
Nisto, em rápido instante,
viu rojar-se no chão, de joelhos, arquejante,
uma moça gentil...
Trazia o seu vestido
roto, solto o cabelo, um dos pulsos ferido:
tinha, de certo, tido uma luta feroz! ➔

Últimos versos

Atirou-se-lhe aos pés... Quis falar... Mas a voz
faltou-lhe e só no olhar, mais que tudo eloqüente,
falava o pranto...
                Foi um segundo somente:
logo lhe apareceu quem vinha a persegui-la.
Era um oficial loiro e alto. A pupila
azul, o rosto largo, o ríctus de luxúria
de seus lábios sensuais, tudo mostrava a fúria
em que viera a correr. Um súbito embaraço
fê-lo parar, ao ver o herói. Mas no braço
dele logo notou, num relance, que havia
de menos que no seu três galões. A alegria
relampejou no seu olhar. Gritou, severo:
"Essa mulher é minha. Entrega-ma. Eu a quero."

O moço nem pensou (p'ra pensar fora tarde):
num ímpeto, açoitou as faces do covarde.
Calcando a disciplina, ele esqueceu, sublime,
vida e glória e porvir – para impedir um crime.

Por isto vai morrer. A lei é fria e dura:
vão fuzilá-lo. Em pouco, a morte há de, segura,
cerrar-lhe para sempre o doce olhar. Mas,
                   [quando
chovam sobre o seu peito as balas, e sangrando,
ele, quase a morrer, tombe exânime e branco,
há de lembrar, da vida ao derradeiro arranco,
dois vultos de mulher...
            E a retina gelada
guardará no sepulcro a visão encantada
de dois anjos, beijando-o, a face imersa em
                   [choro,
fulvas, librando no ar as grandes asas de ouro!

Canções da decadência e outros poemas

PUDICA

Nua. Lambendo-lhe a epiderme lisa,
por sob a qual o sangue tumultua,
caiu-lhe aos pés, em flocos, a camisa,
deixando-a nua... inteiramente nua...

O pé, que a alvura do banheiro pisa,
mal os dedinhos róseos insinua
na água, que em largos círculos se frisa,
logo, fugindo lépido, recua...

Passa por todo o corpo um arrepio.
Duros e brancos, hirtam-se de frio
seus dois peitinhos. Tímida, medrosa,

corre a mão sobre o ventre torneado...
Nisto, lembrando, acaso, o namorado,
toda se tinge de um pudor de rosa...

Últimos versos

DO TREM...

A Alberto de Oliveira

Bufa, subindo a serra, o trem enorme...
Do alto, os olhos dominam, sobranceiros,
enroscado no cimo dos outeiros
das névoas brancas o colar disforme.

Dúbia luz de alvorada. Hirtos coqueiros,
em meio ao vale, que repousa e dorme,
bracejam palmas verdes... Longe, informe,
vê-se o perfil dos picos altaneiros.

Sol... O trem vai subindo... A vasta serra
num coliseu granítico, assombroso,
um punhado de morros, alta, encerra...

À luz, que nasce, iludem-se os sentidos:
parece ser aquele o pavoroso
campo de guerra dos Titãs vencidos...

Canções da decadência e outros poemas

DA CARTEIRA DE UM FLÂNEUR...

F.T.

Dessem-lhe de uma estátua o pedestal ovante,
nalgum templo pagão da Vênus Vencedora;
tornassem-lhe de pedra o lânguido semblante,
o onduloso mover da forma tentadora;

fosse marmóreo e frio o lábio provocante,
que a aurora sensual do seu sorriso doura,
e a voz, que não há som que reproduza ou cante,
nunca mais desdobrasse a escala encantadora;

bastava, aceso sempre, ardente e capitoso,
para nos vir falar do indefinido gozo
de que as almas febris dos poetas andam cheias,

o fogo desse olhar, que sobre nós resvala,
como um vinho de luz, que nos escalda as veias
e em cânticos de amor os corações embala...

DA CARTEIRA DE UM FLÂNEUR...

Mlle. M.F.L.

Tem a serena majestade altiva
de quem conhece quanto é nobre e bela:
a alma da multidão segue-a, cativa,
tanto domínio seu olhar revela!

A inspiração menos ardente e viva,
tremula, a medo, balbucia ao vê-la:
– feliz do afeto, borboleta esquiva,
que se queimasse à luz dos olhos dela!

Ao lembrá-la, o que mais se ambiciona:
– sonhos, lutas, paixões, vaidades, glórias –
tudo dentro de nós se desmorona!

E, altos, em torno dela, pelo espaço,
na sublime cadência do seu passo,
vibram clarins, falando de vitórias!

— Canções da decadência e outros poemas —

DA CARTEIRA DE UM FLÂNEUR...

E.W.

Quando ela passa, pálida e franzina
mimo de graça, mimo de frescura,
lembra o seu rosto de ideal candura
um perfil de madona pequenina.

Dizem que sua voz sonora encanta,
expandindo-se em notas, que, suaves,
são como arrulho de gementes aves,
como harmonia melodiosa e santa.

Revive nela a sedução divina
da que o Goethe evocou e hoje ilumina
as baladas teutônicas, sentidas...

Por isto, meiga e terna, quando canta,
canta na sua alvíssima garganta
a alma errante das loiras Margaridas...

DA CARTEIRA DE UM FLÂNEUR...

Mlle. Z.Q.M.

Poetas do Assombro, poetas cujos versos
têm o poder estranho e singular
de percorrer no rápido adejar
mesmo do Sonho os loucos universos;

nautas – de céu em céu, de mar em mar,
pelos sombrios furacões dispersos,
que atravessais os climas mais diversos,
por longe errantes do nativo lar,

– para perder de amor almas incautas,
todos vós, todos vós: poetas ou nautas,
que de mares e céus sabeis o horror,

– não ouvirá ninguém jamais dizerdes
que conheceis abismo mais traidor
que o glauco abismo de seus olhos verdes!

— Canções da decadência e outros poemas —

DA CARTEIRA DE UM FLÂNEUR...

H.F.

Et vera incessu patuit
VIRGÍLIO

Não tem da deusa antiga de Virgílio
graves os passos, firmes e serenos...
É Vênus, sim, mas pequenina Vênus
feita p'ra os cantos de um travesso idílio.

Há capitosos, há sutis venenos
do seu olhar no delicioso brilho...
Se eu noto que ela vem, me maravilho
dos seus mais simples ou banais acenos!

Quando virdes surgir, sabei que passa
o Mimo, a Mocidade, o Encanto, a Graça:
– tudo o que inspira os hinos e as canções!

Últimos versos

E, se o pé pequenino pisa incerto,
é porque no pisar ele por certo
sente que pisa sobre corações.

Canções da decadência e outros poemas

A UM RENEGADO

Cão! tu quiseste o ínfimo bocado,
o que se compra, desprezando o brio
o afogando de lodo em negro rio
o facho do Talento imaculado!

Cão! tu hás de seguir sempre enxotado,
em teu rosto de Judas tão sombrio
pelo Desprezo luminoso e frio,
como um galé misérrimo, marcado!

Ai do teu filho – pobre pequenino –
se algum dia nas rotas do Destino
meiga criança te afagar, risonha!

Quando souber teu nome envilecido,
há de rolar nas trevas, abatido
sob o tremendo peso da vergonha!

Últimos versos

HÉCTICA

A Breno Muniz

Mora em seus olhos a melancolia
da solidão crepuscular do outono,
quando se vão ao derradeiro sono,
as folhas soltas pela ventania...

Nas faces alvas que a magreza encova,
sulco de prantos, lúgubre, se traça;
no lábio, afeito às preces da desgraça,
mal o calor da vida se renova...

Quando das noites a algidez sombria
despeja-se do céu, trevosa e fria,
rói-lhe a febre o corpinho delicado...

E há de rolar na grande paz da cova,
quando rebente a primavera nova
e, todo em flores, desabroche o prado...

Canções da decadência e outros poemas

TARTARUGA

A Américo Lopes

Do alto, o rio despenha-se, fremente,
de pedra em pedra pula, estrepitoso;
passa aos arrancos, bárbaro e fogoso,
como um corcel de espuma alvinitente...

Pergunta o bosque ao vale, o vale à serra,
A serra à curva azul do firmamento:
– onde, a bramir, intrépido e violento,
vai aquele ginete, que os aterra...

Paira um véu multicor sobre a corrente
como um véu de donzela que, tremente,
fosse à garupa de um cavalo em fuga.

E, enquanto o rio, como um monstro, berra
no leito, que a caudal, rugindo, encerra;
– jaz uma pedra: imóvel tartaruga...

Últimos versos

TE DEAM LAUDAMUS

A ti, deusa do Amor e da Beleza,
  a ti, Senhora,
louva, em arroubos de fervor acesa,
  minh'alma que te adora!

No leve rasto dos teus leves passos,
  sobe, sonora e forte, a vibração
de minha voz, semeando nos espaços
  os vitoriosos hinos da Paixão!

Ninhos de águias de luz são os teus vivos
  olhos brilhantes...
Deles ferindo os corações esquivos,
  elas vêm, triunfantes!

Bendita sejas! Sem um só lamento,
sob as garras torcendo-me, febril,
creio, vindo de ti, que o Sofrimento
é melhor que a delícia mais sutil!

Canções da decadência e outros poemas

Cibório sensual – teu lábio quente
    mostra aos desejos
a hóstia rubra da Luxúria ardente
    que a alma comunga em beijos!

Teus nobres seios – da Canção do Gozo
marcam, pulsando, o compassado tom...
Vibra por todo o teu perfil glorioso
do Hino da forma o incomparável som!

Das tuas mãos o mais pequeno gesto
    – gesto sublime –
pode atirar um coração honesto
    às geenas do Crime!

"Mata!": dirás... E um tigre em cada peito
há de rugir, indômito e feroz...
Honra e Brio e Valor: – tudo desfeito,
cai ao rumor da tua doce voz!

Barbas brancas de velhos a teu mando,
    rojando a lama,
jazeriam contentes, se brilhando,
    vissem-te o olhar em chama!

Bendita sejas! Para os que te adoram
és o supremo e mais divino ideal:
tudo o que os outros homens inda imploram
ao pé da tua sombra nada val!

Como o orvalho e o calor são para a alfombra
    quase caída,
tu – teu passo, teu rasto, tua sombra –
    és toda a minha vida.

144

Últimos versos

Eu te desejo, como os condenados
podem do inferno desejar a Deus,
sempre sedentos e desenganados,
tendo a certeza de não ver os céus!

Sê, pois, bendita, deusa da Beleza!
A ti, Senhora,
louva, em arroubos de fervor acesa,
minh'alma que te adora!

Canções da decadência e outros poemas

A UM CERTO ASSASSINO...

Este soneto foi escrito em 1894, quando os oposicionistas ao Marechal Floriano Peixoto, que depois de salvar a República, acabava de deixar o poder, acusavam-no freqüentemente de ter sido um mandante de assassinatos.

Almas níveas e sãs, onde o pecado,
onde a falta menor não tem guarida,
vêm acusar a tua negra vida,
vêm mostrar como foste um celerado...

Deve jazer aberta em teu passado
dos remorsos a trágica ferida,
tal é dos crimes teus a lista argüida,
que eles mostram num gesto horrorizado!

Réu taciturno, ao ver a interminável
onda de tanto sangue irreparável,
tanta dor, tantas vítimas cruentas,

Últimos versos

– a República vem, grata e orgulhosa,
estender-te a bandeira vitoriosa,
para que enxugues tuas mãos sangrentas!

Canções da decadência e outros poemas

PARA SEMPRE!

Quebrou-se, ao tédio, a cristalina taça
em que nós ambos o prazer bebemos,
que da afeição nos êxtases supremos
    o amor nos deu.

Rindo enterramos a quimera louca,
que nossos peitos afagaram, breve,
e que passou, como uma nuvem leve,
    no azul do céu...

Em vez dos crepes da tristeza negra,
do triste choro das pungentes dores, –
– jaz sepultada sob amigas flores
    nossa paixão.

Cedo, bem cedo, no rumor do mundo,
temos de ver-nos nos salões festivos
e passaremos, lado a lado, esquivos,
    na multidão.

148

Últimos versos

Se nos falarmos, no calor da festa,
hás de inclinar-te no meu curvo braço,
e iremos juntos, abrandando o passo,
　　ditoso par!

Censuraremos um milhão de cousas:
o tempo, os bailes, os vestidos caros...
e hão de, sentindo nossos risos claros,
　　nos invejar.

Depois, mais tarde, acabarão as valsas,
as notas lentas morrerão vibrando,
e há de a noite extinguir, mágico e brando,
　　todo o rumor.

E então – quem sabe? – partiremos tristes,
ambos cismando nessa noite linda,
ambos sentindo uma saudade infinda
　　do morto amor...

— Canções da decadência e outros poemas —

CRÂNIO DE HERÓI

A Floriano de Brito

Este crânio já foi o de um soldado,
que nas batalhas, valoroso e forte,
dos sonoros clarins ao alto brado,
milhões de vezes provocava a morte.

Por um sonho de glória alucinado,
fitando-o sempre como aceso norte,
no furor dos combates empenhado,
soube os decretos afrontar da sorte.

Veio a glória, afinal. Um povo em festa
cingiu-lhe o louro ao derredor da testa
– testa de bravo, heróica e sobranceira.

Hoje é morto. Ei-lo aqui... Da negra lama
do sepulcro arrancado – ri da Fama,
ri co'a boca sem lábios da caveira...

— Últimos versos —

VORREI MORIRE!

Canta uma voz... É noite... A noite é fria,
o céu goteja estrelas... Sombra densa.
Doce voz de mulher!... Paira sombria,
na treva espessa, uma tristeza imensa...

Canta: tem gritos de paixão fremente...
Abre-se o coração – gruta em ruínas –
para sorver-lhe a melodia ardente,
para escutar-lhe as notas cristalinas.

Canta: as notas soluçam... Há queixumes
longos, tristes, sentidos, dolorosos...
Passam na noite, em lúgubres cardumes,
todas as queixas dos perdidos gozos...

Almas, que morrem, corações partidos,
em plena flor, em plena mocidade,
naquele canto exalam-se em gemidos,
gemem na angústia de imortal saudade...

151

Canções da decadência e outros poemas

Aquela voz, aquela voz sublime
– voz de arcanjo e mulher, forte e sonora –
no intenso arroubo, gemedora, exprime
quanta mágoa de amor o mundo chora!

Os sons que passam, – passam orvalhados
de sangue e pranto... Soam, lancinantes,
os tristes ais dos peitos desprezados,
as súplicas perdidas dos amantes...

"_Vorrei morire..._" – Como é cedo ainda!
Voz de mulher e moça – e fala em morte!
Lança na noite uma amargura infinda
esse engano tristíssimo da sorte.

Dizem que é boa e caridosa a treva,
que o vento lá por fora nos espaços,
galopando febril, nas asas leva
um frêmito de beijos e de abraços...

E, no entretanto, há lábios solitários,
lábios sedentos de gostosos beijos,
almas mortas nos trágicos calvários
dos impossíveis e fatais desejos!

Quanta tristeza! Aos poucos, se esvaece
a voz que canta... As almas dos Traídos,
colhendo no ar as notas dessa prece,
ungem na sombra os corações feridos.

Calou-se a voz. Na escuridão furtiva,
não há canção de brisa, que suspire...
Rola... cai-me do olhar lágrima esquiva,
soluça o coração: _vorrei morire_!

Últimos versos

SILÊNCIO

Il s'en plaignit, il en parla:
J'en connais de plus misérables!

JOB. BENSERADE

Cala. Qualquer que seja esse tormento
que te lacera o coração transido,
guarda-o dentro de ti, sem um gemido,
sem um gemido, sem um só lamento!

Por mais que doa e sangre o ferimento,
não mostres a ninguém, compadecido,
a tua dor, o teu amor traído:
não prostituas o teu sofrimento!

Pranto ou Palavra – em nada disso cabe
todo o amargor de um coração enfermo
profundamente vilipendiado.

Canções da decadência e outros poemas

Nada é tão nobre como ver quem sabe,
trancado dentro de uma dor sem termo,
mágoas terríveis suportar calado!

ANÁLISE

A Estelita Tapajós

A Análise é a doença desta idade.
Anda o "Por quê?" suspenso em nossas bocas.
Mesmo da dor às agonias loucas
levamos do escalpelo a crueldade.

– Sofres? – Espera um pouco. Dize ao pranto
que espere, em teu olhar magoado e triste,
compara a dor de agora à que sentiste,
quando perdeste o teu primeiro encanto!

– Rolou-te a gota pelo rosto adiante?
Não a deixes cair. Toma-a primeiro.
Queremos lhe saber o gosto, o cheiro,
a forma, a trajetória vacilante.

Supõe que tens o coração gelado,
mesmo que o miserável sofra gema... ➔

Canções da decadência e outros poemas

Dá-nos, perfeita, a análise suprema
do teu mais íntimo e cruel cuidado.

Se isto te mata, deixa! É-nos preciso
saber ao certo de que a Dor é feita.
Não vemos para quê, mas nos deleita
fazer parar o mais pequeno riso...

Mas se o Mal, sempre o mesmo, é sem remédio,
e Vida e Dor são termos semelhantes,
p'ra que gastar os rápidos instantes,
ou nestas mágoas, ou no horror do Tédio?

... Partir!... A vela clara aberta ao vento,
mar afora, sem rumo, noite escura...
Companheiros: o oceano, que murmura, –
a solene mudez do firmamento...

Ir sem destino, sempre pela treva,
sempre pelo silêncio, pela noite,
onde não zurze a Dor o negro açoite,
onde o rumor dos homens não se eleva...

Não pensar! Não sentir a asa dos sonhos
roçar a fronte pálida e febrenta!
não saber mesmo se inda o sol alenta
alguém – sob os céus amplos e medonhos!

Não pensar! Não sentir, quando viesse
a Morte, a doce Morte caridosa
ungir-nos a pupila lacrimosa
do bálsamo, que as vidas arrefece!

Últimos versos

Isto, sim, fora o gozo, o extremo gozo,
em que minh'alma, às vezes, inda crê:
esquecer o murmúrio doloroso
das sílabas malditas do *Por quê...*!

Canções da decadência e outros poemas

PRESSÁGIO

Noite. Estávamos ambos à varanda...
    A doce voz de Rosa
num arrulho de amor, tremente e branda
murmurava uma súplica extremosa...

    Beijamo-nos a medo,
furtivamente, como namorados.
Depois quase em segredo,
entre os protestos mais apaixonados,
Rosa, a sorrir, falou-me em casamento.

Fitei seus belos e gentis contornos,
tendo seu corpo do meu corpo junto.
Ia dizer-lhe: "sim"... Nesse momento,
erguendo os olhos para o firmamento,
vi da lua em minguante os finos cornos...

Vi... Tratei logo de mudar de assunto.

RESPOSTA A UMA PROPAGANDA

"E, assim, a conclusão única é que
a imprensa deve calar as notícias de suicídios"

De um jornal diário

E por que não dizer dos desgraçados
à multidão desesperada e triste
que para a paz dos túmulos sagrados
inda um caminho existe?

E por que – se ninguém antes do berço,
dizendo o que era o humano padecer,
nos veio perguntar se no Universo
nós acaso queríamos sofrer,

vir, agora que nada aqui nos prende,
esconder-nos a porta da Verdade,
porta por trás da qual, calma, se estende
a paz da Eternidade?

Canções da decadência e outros poemas

O Mal! – velho pastor misterioso,
    que os mundos todos guia na amplidão,
    tange-os como um rebanho doloroso,
    por caminhos de sombra e
          [maldição...

Uiva no abismo um coro de gemidos,
    soluça a voz da Lágrima e da Prece,
    – sem que a marcha dos trágicos vencidos
    um só momento cesse!

Em procura de um Deus – sempre implorado
    e não visto jamais – esse clamor
    enche o fúnebre espaço ilimitado
    com rugidos e cânticos de horror!

Se uma voz nele pára – uma voz nova
    toma no coro o seu lugar perdido:
    – e o mesmo eterno som que se renova,
    sobe ininterrompido!

Nunca o hino que cantam loucamente
    os que a vida perpassam no prazer
    pode o funesto cântico dolente
    nos infinitos páramos vencer!

Nada, portanto, há que temer se um triste,
    que abre a porta da Vida e que se evade,
    busca o "além" do túmulo, onde existe
    a eterna soledade.

Hão de após ele vir tantos e tantos,
    votados desde o berço à Dor e ao Mal, ➜

Últimos versos

que o preamar do eterno mar dos prantos
não descerá seu nível imortal!

Não descerá... que a Dor, deusa e senhora,
leva os mundos curvados ao seu cetro!
e eterno, em toda parte, em toda hora,
ergue-se o seu espectro!

Não descerá... que o riso nunca dura
mais que um momento! e só a Dor sem fim
enche as almas de trevas e amargura!
Não descerá... porque até mesmo
[enfim,

quando o ventre das mães – a dura guerra
da Espécie contra o Ser consciente, visse
e, vencendo-a, infecundo, sobre a Terra
nada mais produzisse,

– a evolução da estranha, íntima essência,
que as cousas para a Vida erguendo vêm,
fá-las-ia nascer para a Consciência
e nasceriam para a Dor também!

SÂNDALO

Sândalo, aroma moreno e quente,
    cheiro que fala,
cheiro que canta, quando se exala,
    canções do Oriente;

voz de perfume, que lembra os gozos
    dos levantinos
serralhos, onde beijos divinos
    chiam, gostosos...

Sândalo, meigo perfume agreste
    que toda a sua
pele de deusa, sublime e nua,
    circunda e veste;

sândalo, agora que eu não a vejo
    fala-me d'Ela:
a meus ouvidos a voz revela
    do seu desejo...

Últimos versos

Diz-me que riso, diz-me que anseio,
    que pensamento
faz que palpite neste momento
    seu morno seio...

Diz-me e procura da tua essência
    na suavidade
ver se minoras toda a saudade
    por esta ausência...

Sândalo, aroma moreno e quente,
    cheiro que fala,
cheiro que canta, quando se exala,
    canções do Oriente.

MEIO-DIA

A Luiz Delfino, o mestre

Vibra a luz no zênite. É meio-dia. O espaço
arde em chamas. O mar, como a arquejar do
                                   [esforço,
parece erguer, tremendo, uma armadura de aço;
– cada malha a luzir acende um sol no dorso...

Corvos pairam muito alto: uns traços
                        [simplesmente...
Saem do solo em fogo hálitos inflamados.
De uma floresta ardida, ao longo da vertente,
erguem-se, nus, aos céus os troncos
                        [encarvoados...

O estio abrasador queimou toda a verdura:
cobre o despojo seco o vasto campo infindo...
Tudo caiu... Nem mesmo uma brisa murmura,
melancolicamente as folhas sacudindo...

Últimos versos

Nada... nem um rumor... Sobre a terra parece
que a maldição da luz devastadora, passa...
À limpidez do azul sobe, como uma prece,
quase ao cimo de um monte, um rolo de
[fumaça...

Sobe como a pedir se o Sol, o deus sagrado,
queimando o Mundo enfim, à Vida nos arranca...
Sobe... Pia, distante, um gavião esfaimado...
Sobe... Foge no mar, longe, uma vela branca...

Canções da decadência e outros poemas

MOTIVOS DE VALSAS

Tournez, tournez, feuilles mortes
sur le chemin du néant.

A. SILVESTRE – *Motifs de valses*

Folhas caídas que a brisa leva,
que a brisa arrasta nos torvelinhos,
enquanto, triste, pelo ar se eleva
coro de gritos de aves sem ninhos,
sentindo perto da noite a treva...

Na cadência de um som doce e brando
passe a valsa os anéis enrolando...

Flocos de neve que, lento a lento,
por sobre os campos o céu espalha;
prantos gelados do firmamento
cobrindo a terra de alva mortalha,
que açoita, aos uivos, do Norte o vento...

— Últimos versos —

Na cadência de um som doce e brando
passe a valsa os anéis enrolando...

Ululo imenso das vagas frias
cortando as noites, onde, queixosas,
batendo o dorso das penedias,
das mais pungentes mágoas chorosas
salmeiam, graves, as litanias...

Na cadência de um som doce e brando
passe a valsa os anéis enrolando...

Farfalho à noite das longas franças
de altos ciprestes, onde, magoadas,
almas de moças e de crianças
das alegrias nunca provadas
gemem, perdidas, as esperanças...

Na cadência de um som doce e brando
passe a valsa os anéis enrolando...

Tosses de peitos tuberculosos,
quase sem força, quase sem vida,
morrendo à fúria dos loucos gozos
sempre queimados da ânsia insofrida
de novos sonhos luxuriosos...

Na cadência de um som doce e brando
passe a valsa os anéis enrolando...

Leves nas sombras os murmúrios
em que nos lábios dos solitários ➜

Canções da decadência e outros poemas

saem da febre nos calafrios,
preces de beijos imaginários,
jaculatórias de desvarios...

Na cadência de um som doce e brando
passe a valsa os anéis enrolando...

AQUARELA

Em frente a uma de Américo Lopes

É meio-dia. Multidões esparsas
de brancas nuvens pelo azul pousadas,
são como bandos de nitentes garças,
em revoadas...

Longe, no vago do ambiente morno,
alta cadeia de elevados montes
fecha co'a linha de sutil contorno
os horizontes...

Repousa a casa... Das dormentes calmas
eis o momento delicioso e brando...
Das bananeiras as compridas palmas
tremem arfando...

Todo o monótono acarneiramento
das vagas soltas pelo mar afora
como rebanho de queixoso armento,
balando, chora...

Canções da decadência e outros poemas

A PERNAMBUCO

(Trecho de um panfleto, escrito em 1889)

Leão, leão indômito do Norte,
que Dalila cortou-te a juba espessa?
onde aprendeste, no temor da morte,
a vergar, curva e trêmula, a cabeça?
onde encontraste pela tua história
tanta vileza, tanta covardia?
onde esqueceste a heróica louçania
       da coroa de Glória?

Tu, que rugiste ao fogo das batalhas,
pronto à luta dos bravos – bravo e altivo –
em que lençol de lodo hoje amortalhas
teu antigo valor, leão cativo?
Nada resta em teus músculos de ferro
da força que as prisões quebram no embate.
Dorme em teu peito de aço – do rebate
       o formidando berro?

Últimos versos

Levam-te os histriões de feira em feira,
domado, a fronte baixa, o olhar choroso.
Dizem... – "Foi esta a fera brasileira...
Hoje é mais dócil do que um cão medroso!"
Dizem... E, em tuas ancas apontando
os vestígios dos látegos sangrentos,
fazem que os vás seguindo a passos lentos,
  manso, curvo ao seu mando.

Que sobressalto iria pelas campas
onde dormem os ossos dos valentes,
se pudessem, erguendo as frias tampas,
ver os seus miseráveis descendentes!
Talvez... talvez os vermes que devorem
algum resto do fúnebre despojo
– eles: a última expressão do nojo –
  talvez de nojo corem!

O solo antigo das legiões de bravos,
perdendo a seiva que os heróis nutria,
hoje – senzala de boçais escravos –
planta de opróbrios alimenta e cria.
Tudo passou... Tudo varreu o fado
do que na terra dos campeões foi grande!
Nenhuma chama de valor expande
  seu brilho imaculado!

Brilha, Estrela da Pátria! É tempo agora.
Raia por sobre as nossas nobres frontes!
Mostrando o berço de uma nova aurora,
enche da luz da glória os horizontes!
Brilha! Desfaze à tua claridade
todo o negror da covardia nossa! →

Canções da decadência e outros poemas

Faz que a teus raios, vitoriosa, possa
 surgir a liberdade!

Ergue-te e clama! Farfalhar de matas,
mugir de vagas sacudindo o dorso,
todo o sonoro estrondo das cascatas,
das tempestades todo o rude esforço
– ergue-te e clama! – sobre tanto grito,
teu grito apenas se ouvirá troando!
De novos bravos surgirá o bando
 do teu torrão bendito!

Últimos versos

NA TREVA

Cai a noite... Lento e lento,
    por sobre os prados e os montes
    da sombra o crepe cinzento
    rola, enchendo os horizontes.

Nem um sussurro de brisa,
    frolando em adejo vago
    as águas mansas do lago,
    o claro espelho lhes frisa...

Nem um sussurro... No espaço,
    somente de quando em quando,
    cruza num rápido traço
    a asa de uma ave voando...

Cai a noite... Mansa e mansa
    uma tristeza se eleva...
    Toda a envolver-se na treva,
    a Natureza descansa...

Canções da decadência e outros poemas

Mudas e leves, nas sombras
    as borboletas incertas
    pairam por sobre as alfombras,
    batendo as asas abertas...

Noite quase... Dos lampiros[1]
    adejam fulvos cardumes...
    Sobem fortes os perfumes
    do cálix branco dos lírios.

Na sombra trágica e bela
    cessou do oceano o lamento...
    De lado a lado, se estrela
    todo o azul do firmamento...

Calma... Silêncio... Sossego...
    Onde da vida os rumores?
    Acaso as mágoas e as dores
    dormem da noite, ao aconchego?

Quem pode de humanos peitos
    sondando a atroz desventura,
    ver de que lutos são feitos
    os lutos da noite escura?

Sossego, silêncio e calma:
    tudo ilude, tudo mente...
    Quem diz a mágoa que sente
    neste momento minh'alma?

---

1. Provavelmente "lampírios", mais alinhado ao esquema rimático da estrofe.

174

Últimos versos

Que dor o ver-me no mundo
      desamparado, sozinho,
      sem um afeto profundo
      órfão de todo o carinho!

Que dor o lembrar-me agora
      que ao braço de outro pendida,
      talvez a amante querida
      passeie rindo nest'hora!

Que dor cruel! E, no entanto,
      sorvo do ciúme o veneno
      sem que o vestígio do pranto
      me marque o rosto sereno.

Faço o que faz neste instante
      toda a imensa natureza,
      sei ocultar a tristeza:
      sob o mais calmo semblante.

Canções da decadência e outros poemas

PARA UM QUADRO

No álbum da exma. sra. d. Ida de Castro

Na vastidão imensa da campina,
jaz um touro, por terra, inanimado.
Ao descer, esta tarde, da colina,
velho e sem forças, sucumbiu, cansado.

Passa a aragem da noite, mesta e fina,
sobre o enorme cadáver regelado...
Como folha de espada diamantina,
brilha, distante, a lâmina do arado...

Tristes – em triste e desolado choro –
babando em fios, que o luar aclara
como feixes de prata reluzente,

os bois, em torno, em doloroso coro,
– na noite calma, sob a lua clara –
mugem soturna, lastimosamente...

— Últimos versos —

VERSOS A UMA DESCONHECIDA

De onde vens tu? Evoco-te formosa,
e a meu apelo, rápida, apareces.
Chegas talvez da pátria nebulosa
do Sonho, onde ouves minhas doidas preces...

De onde vens tu, que na minha alma ansiosa,
de dia a dia, mais soberba cresces
e, se te busco, lúcida, radiosa,
sempre de longe vens, de longe desces?

De onde vens tu, que habitas tão distante
e tão perto de mim, que, a cada instante,
'stás e não 'stás ao lado meu, sorrindo!

De onde vens não sei, visão bendita...
Eu sinto apenas, dentro em mim, que habita
alguma cousa do teu rosto lindo...

Canções da decadência e outros poemas

PALMARES

A Valentim Magalhães

Os negros fugidos ao cativeiro acampavam
nos Palmares, colina plantada de cacaueiros.
A luta foi breve, mas a resistência foi heróica.
Os portugueses, vencendo, reescravizaram os
prisioneiros. O Zumbi, o chefe, e poucos mais,
preferindo a morte à servidão, suicidaram-se,
atirando-se de um alto monte...

Trom de peleja... Negras, pelos ares,
bate as asas de crepe o anjo da Morte...
Matilha de arcabuzes, rouca e forte,
atroa os ínvios cerros dos Palmares.

Quem vence? A Liberdade? O cativeiro?
– Se o cativeiro, troquem por cipreste
o legendário galho de loureiro,
que a frente ao vencedor enrama e veste!

Últimos versos

São bem poucos os bravos que, fugindo
da escravidão aos látegos funestos,
rugem, lutando, em desespero infindo,
da batalha febril nos doidos estos.

Poucos... mas lutam pela Liberdade!
E a Liberdade, quando o sangue inflama,
ateia do combate à claridade
em cada glóbulo um cendal de chama!

Lutam... Gritos perpassam... Surdamente
estouram armas, alto, na Montanha...
Dos cacauais todo o folhal virente
treme ao fracasso dessa grita estranha...

Lutam... Lutam ainda... A Guerra custa
a decidir a trágica injustiça,
quando há de um lado a fé nobre e robusta
e, do outro lado, a febre da cobiça!

Decresce a fúria... os gritos e rumores
passam mais devagar no vento brando...
– Súbito, estrugem alto os vencedores
halalis de triunfo clarinando...

* * *

Tinha acabado a pugna... A Vitória,
num sinistro adejar, negra e sombria,
pingou de lodo as páginas da História
naquele triste dia!

Canções da decadência e outros poemas

Fosse menor a pátria em que vivemos!
Sucumbissem as Quinas muito embora!
Mas os Livres, da Guerra nos extremos,
　　vencessem nessa hora!

Deles, por isso, a face encarvoada
brilha como a de heróis à luz da fama
e há na lusa bandeira desdobrada
　　largas nódoas de lama...

* * *

Noite. Fugiam... Cinco ou seis apenas:
um punhado de bravos, a que a morte
menos assusta que a humilhante sorte
dos cativos, vergando a duras penas.

Fugiam, tristes. Uma só palavra
não lhes saía da cerrada boca.
– E que palavra reproduz a louca
angústia enorme, que em seus peitos
　　　　　　　　　[lavra?!

Iam subindo por um alto monte...
De quando em quando, ao cacaual fremente
os olhos alongavam tristemente,
sondando a extrema curva do horizonte:

– ... rolos de fumo... chamas pela noite,
lambendo o espaço, rubras, amarelas,
... voz de alarma de roucas sentinelas,
arrastadas do vento pelo açoite...

Últimos versos

... como em visão de bruxas e de fadas,
como em _sabbat_ de velhas feiticeiras,
enxergavam-se em torno das fogueiras
sombras, por seus clarões ensangüentadas.

Andava a orgia lá por baixo. O vento
trazia, às vezes, orvalhado em pranto
nas loiras asas de um festivo canto
o som dorido de cruel lamento...

* * *

Quando o grupo chegou ao cimo da montanha,
estacou, silencioso. Uma expressão estranha
vincava em cada rosto um traço de amargura.

Astros: gotas de luz, da etérea curvatura
pingavam, marchetando o céu calmo e profundo.
Do alto, nem um rumor! nem luz se via!
                                    O mundo
jazia amortalhado em uma treva espessa...
Mal de um pico distante a esfumada cabeça
ao poente, sobranceiro, um alto monte eleva,
tapando a luz, manchando a treva de mais treva,
figurando no espaço a gorja escancarada
de um túnel colossal ...
                            Nem um ruído. Nada...
Pesa cada vez mais um silêncio infinito...

De súbito, a vibrar, alto, estrídulo grito,
imitando o morder da lima sobre o aço,
no escuro, asperamente atravessando o espaço,
corta a noite – e um morcego, as asas
                                    [desdobrando, →

Canções da decadência e outros poemas

faz correr pela sombra um sopro leve e brando...
Houve no estranho grupo um frêmito de susto.
Como acordado a um sonho, o chefe, o mais
                              [robusto
dos fugitivos, teve um brusco movimento
e, em vão, tentou falar...
                    Mas, sob o firmamento,
o que não disse a voz, presa à garganta, disse-o
um soluço de dor... Fitando o precipício,
largo aberto a seus pés, àqueles nobres bravos
surgiu a mesma idéia. Haviam sido escravos,
a moirejar de dia, a soluçar à noite
acurvados ao jugo aviltante do açoite,
sem pátria e sem amor, mais vis que os cães
                              [sem dono,
que ao menos livremente erram ao abandono!
Eis que um dia, porém, a liberdade veio
sacudir-lhes de gozo o desgraçado seio
e o vôo santo e bom das loiras alegrias
aclarou-lhes, pairando, as estradas sombrias
por onde tinham vindo. Ao solo dos Palmares,
livres, foram pedir hospitaleiros lares
e encontraram de novo a ventura na terra.
Hoje, porém?
                    Sinistro, o anjo negro da guerra,
como o da Bíblia, outrora, ao homem
                              [condenado,
atirava-os por entre as sombras do Passado
da férrea Escravidão à dura gargalheira!

Ao lembrarem assim a sua vida inteira,
lançaram-se, a chorar, num apertado amplexo...
Das estrelas no céu ao trêmulo reflexo, ➔

182

— Últimos versos —

viu-se aos pés do Zumbi, o chefe, – mudamente
cada qual se ajoelhar e beijar-lhe tremente
a mão calosa e rude.

Altivo, erguendo o braço,
ele, na negridão do silencioso espaço,
fez o gesto solene e grave, que abençoa...

E na noite, que a treva, atra e densa, povoa,
enxergou-se do cume um corpo, que, caindo,
veio, morto, rolar pelo chão. E, seguindo
aquele exemplo audaz, o grupo dos guerreiros
– grupo calmo de heróis firmes e sobranceiros –
nem um momento mais pôde hesitar: – rolaram
todos, – todos no abismo os corpos atiraram...

* * *

Quem dos Livres não sinta o sol brilhante e puro
a fronte lhe inundar de viva claridade
e não o espere ver nas sombras do futuro
– saiba que tal caminho – ousado, mas seguro –
vai ter, num ponto só, à Morte e à Liberdade!

Canções da decadência e outros poemas

EM UM LEQUE

Senhora, eu não serei como esses sacerdotes,
que o "coro dos punhais" cantam nos
                       [Huguenotes,
padres torvos e maus, sedentos de rancor...
Por isto, eu lhe não deito a bênção de meu
                             [Verso
neste leque – punhal elegante e perverso,
com que eu sei que fará mil vítimas de amor!

Últimos versos

ESQUECIDO

A Figueiredo Coimbra

Pela extensão poeirenta do caminho
em vão o meu olhar se estende e cansa!
Nem de uma carta a mínima esperança!
A mínima esperança de um carinho!

Quem se lembra de mim? – Aqui, sozinho,
minh'alma em sonhos de pesar se lança...
Uma tristeza desolada e mansa
vem constringir-me o espírito mesquinho...

E, enquanto o sol desponta e vibra e morre,
apenas sinto a brisa, que percorre
o prado imenso e, ao perpassar, sonora,

ondula os rasos capinzais frementes,
como se um bando verde de serpentes
fosse emigrando pelo campo afora...

ASTROS E SONHOS

Todas as noites, lento e grave o passo,
corre de um anjo a sombra encantadora,
plantando a eterna sementeira loura
nas amplidões do constelado espaço...

Todos os dias, dentro em mim, desperta
um novo sonho, uma quimera nova;
sopro de alento o coração renova,
pronto à ilusão de uma ventura certa...

Mas, no entretanto, quando vem a aurora,
todos os astros pelo azul fenecem
e na minh'alma, quando as trevas descem,
o ardor dos sonhos a morrer descora...[1]

---

1. Na edição utilizada, de 1904, o poema "Astros e so-
nhos" saiu emendado às três últimas estrofes do poema
"Palmares", erro que agora corrigimos.

Últimos versos

LEMBRANÇAS DE UM DIA DE SANGUE

> _"... A bala o havia alcançado nas_
> _proximidades da rua Direita. Levado_
> _para a farmácia Silva Araújo,_
> _aí recebeu os primeiros cuidados_
> _do dr. Honório Vargas e outro médico_
> _presente, que fizeram o possível para_
> _salvá-lo. Infelizmente, todos os esforços_
> _foram malogrados. Tempos depois,_
> _o pequenino veio a morrer."_
>
> Notícia de um jornal diário

São dez horas da noite. O canhão de momento
a momento rouqueja em cima da cidade;
muge num formidando ululo lutulento,
que espalha uma profunda e trágica ansiedade.

Esta tarde, ao cruzar uma rua sombria,
vi um grupo trazendo um corpo inanimado
e segui, pr'a saber quem fosse o desgraçado,
cujo sangue da rua as calçadas tingia.

Canções da decadência e outros poemas

Era um menino. Tinha uns dez anos – se tanto,
um corpo sem vigor, um aspecto mesquinho;
mas ninguém pode crer que pavoroso espanto
lhe havia decomposto o lívido rostinho!

Um estertor sem nome o sacudia todo;
sangue havia nas mãos, no rosto, sobre o peito...
E esgazeado, e febril, e de terror desfeito,
seu olhar confessava um sofrimento doudo.

Fora na testa a bala. Havia aí, saindo,
uma hérnia de sangue e cérebro amassados;
dois médicos em torno olhavam-no, sentindo
que o desfecho fatal tinha instantes contados.

Mal vinha de transpor o limiar da vida
– uma vida talvez de glórias e ventura –
e súbito, ao passar, de negra sepultura
abria-se-lhe, aos pés, a porta sem saída!

Que olhar! que olhar de dor! Era preciso a gente
vê-lo, para poder medir sua agonia!
– Lia no nosso rosto a sentença inclemente
e era horrível notar a expressão que assumia!

Sua boca não tinha uma queixa, um gemido:
só se ouvia ofegar o peitinho arquejante...
Mas o olhar, mais que tudo, o olhar agonizante
era o grito maior, que eu jamais tenho ouvido.

Ao acabar de ver essa criança morta,
quando meu filho veio, estendendo-me os
[braços, →

Últimos versos

esperar-me, a sorrir, da minha casa à porta,
– apertei-o a chorar entre beijos e abraços.

Ah! maldito o que açula os horrores da guerra!
Maldita essa ambição de poderio e mando,
que, para levantar seu domínio execrando,
sangue e pranto de irmãos faz correr sobre a
[terra!

Janeiro de 1891.

Canções da decadência e outros poemas

PEDINDO JAULA...

Nada te falta, perigosa fera...
Do teu corpo na graça leve e fina
tu tens o mimo, a sedução felina
das langues curvas de sensual pantera...

Como o da águia real que aves lacera
tens o colo de alvura peregrina...
Mora a noite em teus olhos, a assassina
noite, onde o crime como um rei impera...

Sangue dos sonhos meus, que vão em bando
na tua boca fenecer sangrando,
há no teu lábio, de vermelho tinto...

E se as garras até alguém em vão
procura em ti, – é que só eu as sinto,
profundamente, no meu coração...

Últimos versos

BANDEIRANTES

A Tomás Delfino

O clarão da alvorada, lento a lento,
dos picos do levante se desfralda.
À dúbia luz, o vasto firmamento
é como enorme e pálida esmeralda.

Anda um pressentimento de rumores
na quietação silente da floresta.
Da ramaria espessa em cada fresta
ecoa a manhã os tímidos alvores.

A cabeça de um deus guilhotinado
surge enfim dos rubentes horizontes:
rola-lhe o sangue quente e avermelhado,
tingindo os vales, colorindo os montes...

Tudo desperta. A passarada viva
rompe dos ninhos, sacudindo trilhos... ➜

Canções da decadência e outros poemas

Rolam regatos mansos e tranqüilos
leve canção mimosa e fugitiva...

O gotejo monótono do orvalho
– lúcida poeira de astros multicores –
pinga de cada umedecido galho,
irisando as campânulas das flores.

Vozes... sussurros... ave, que recorta,
de asas abertas como negros traços,
a ampla serenidade dos espaços,
que a luz clara do sol banha e conforta...

Como jóias de esplêndido tesouro
de uma visão de benfazeja fada,
pendem dos cajueiros frutos de ouro
entre as folhas de cor ensangüentada...

As arapongas em terríveis gritos
estridulam alarmas de guerreiras...
Os cocorutos brancos das paineiras
tremem, como cabeças de velhitos...

Batendo a cauda, as ancas ondulosas
sob o pelo sedoso e luzidio,
feras, por sobre as folhas rumorosas,
pisam com passo lépido e macio...

Os farrapos de nuvens pelos ares
vão se tornando cada vez mais vagos
e sobre a superfície azul dos lagos
bóiam, brancos, os brancos nenúfares...[1]

---

1. A ler como oxítona.

— Últimos versos —

Vôo de anus perpassa em negro bando,
aos pios, a asa aberta... Nos caminhos
as pombas-rolas se detêm ciscando,
leves, com a ponta rósea dos biquinhos...

Dos cálices de alvíssimo veludo,
que levantam à luz, imaculados,
sobe o aroma dos lírios nos valados,
embalsamando, perfumando tudo...

Confundidas em grupos irrequietos,
soltos à brisa em turbilhão fremente
– asas de flores, pétalas de insetos
voam nos ares indistintamente...

O sol penetra pela mata adentro.
Apontam... passam... somem-se, distantes,
homens de aspecto audaz... São bandeirantes
que vão buscando dos sertões o centro.

Canções da decadência e outros poemas

DIGITALIS PURPUREA

Madrigal terapêutico

Das *digitalis* rubras no teu lábio
há talvez mais do que a vermelha cor,
deve haver dos teus beijos no ressábio
um veneno letífero e traidor.

Como o da flor de cálix purpurino,
igual na forte e venenosa ação,
da tua boca o vírus assassino
deve atacar o nosso coração...

Últimos versos

EM 14 DE JULHO DE 1889

Esta poesia foi publicada na
manhã de 14 de julho de 1889,
no _Diário de Notícias_. O que aí se previa
sucedeu. A polícia alistou ex-escravos
e soltou bandidos presos, para atacarem,
nas ruas da cidade, os republicanos.
Era regente a Princesa Isabel.

Pois que soa há cem anos, rija e grande,
a voz augusta da Fraternidade,
e o rútilo fulgor da Liberdade
    sobre o mundo se expande;

pois que somos da pátria dos condores
e que os temos do azul nas amplidões
para mostrar da altura os esplendores
    aos nossos corações;

e pois que somos moços, pois que somos
os herdeiros do heróico Tiradentes ➜

Canções da decadência e outros poemas

e sentimos do sangue dos valentes
   os terríveis assomos,

– é de covardes vilania e crime
não jurar – sacratíssimo dever! –
ou a República aclamar, sublime,
   ou por ela morrer!

A Vitória há de vir! – Ela conhece,
conhece bem os corações dos bravos;
dos mercenários batalhões de escravos
   não ouve a infame prece!

Se for mister o sangue – pouco importa –
temos sangue demais para lhe dar:
à fé que nos alenta e nos conforta
   nada pode assustar!

Podes descer, fanática princesa,
a abrir os calabouços dos bandidos,
podes sujar a cauda dos vestidos
   do lodo na torpeza,

podes mesmo, entre o brilho das navalhas,
ao nosso encontro, destemida, vir...
Podes... Por mais traições de que te valhas,
   não se ilude o Porvir!

E o porvir somos nós: a Mocidade!
E a Mocidade é sempre vencedora!
Saberemos erguer triunfadora,
   em breve, a Liberdade!

— Últimos versos —

Então, Águia da França, a asa robusta
do condor brasileiro, há de, afinal,
poder levar-te a saudação augusta
    de um povo fraternal!

Mas se, antes disto, alguém na praça pública
rolar ferido por um crime infando,
esse – quem quer que seja! há de, tombando,
    gritar: Viva a República!

Canções da decadência e outros poemas

CANÇÃO DE ALVORADA

Para acordar-te quando venha o dia,
    rompendo à luz da aurora,
sei de uma doce e lânguida harmonia
    de uma canção sonora...

Hás de escutá-la, mágica, vibrando
    sobre o teu corpo em flor,
desenrolada num gorjeio brando
    de carícias de amor!

Hás de senti-la longamente, em beijos,
    cantar na minha boca
a súplica fremente dos desejos
    da paixão a mais louca!

Toda a tua epiderme branca e fina,
    sedenta de prazer,
há de, ao calor dessa canção divina,
    de gozo, estremecer...

Últimos versos

Em sentindo-te sempre tão querida,
   tão calma hás de acordar
que há de em vão a teus pés rugir na vida
   da Dor o escuro mar!

Canções da decadência e outros poemas

VIAJANTES

A Gastão Bousquet

Cai o sol... mata virgem. A arcaria
das folhas treme compassadamente...
Do céu por entre a espessa ramaria,
vê-se, em manchas, o glauco transparente...

Chovem da mata secos estalidos:
– ramo que cai ou folha que se pisa...
Mal a carícia tépida da brisa
sacode os fios dos cipós pendidos...

No bocejo sombrio da lagoa
colhem as asas brancas lentamente
os nenúfares sobre os quais revoa
dos mosquitos o coro impertinente...

Pela esteira cinzenta do caminho
pássaros pulam, leves e tranqüilos... →

Últimos versos

Outros, ruflando as plumas em pipilos,
chegam, cantando à tepidez do ninho...

Anda um perfume pelo bosque inteiro...
Brancas, juncando o chão, brancas e finas,
abrem-se as flores mil do cajueiro,
mesclando o cheiro ao cheiro das resinas...

Nas amplidões do firmamento baço
a sombra – polvo escuro – estende e corre
os tentáculos negros pelo espaço,
sugando a luz, que pouco a pouco morre...

Vem a treva pesando, lenta e grave;
lento e grave, o silêncio vem pesando...
Não há dos bosques no sussurro brando
mais que das folhas o rumor suave...

Noite. Os astros apontam cintilantes.
Semelha o vasto céu, de extremo a extremo,
chão juncado de flores chamejantes,
para a passagem de algum deus supremo...

Treva densa. Silêncio... Voz sonora
turba de súbito o sossego infindo:
– são viajantes que vêm... que vão seguindo...
que vão cantando pela estrada afora...

Canções da decadência e outros poemas

INVENCÍVEL

(Edmond Haraucourt)

Mulher, tu a quem deu tanto e tão pouco a sorte,
deixa o nosso destino insultar-te a vitória
e, ao sentir o clamor, que contra a tua glória
nós erguemos – domina, avassalando a morte.

Reina! Tu és o asilo único, o único norte!
És o Letes, que apaga as mágoas da memória!
Alvo da nossa vida, aurora promissória,
por ti – o homem sonhou ser um deus calmo
                                                [e forte!

Mesmo a sofrer, da dor nos transes mais
                                        [supremos,
podemos te negar e escarnecer – podemos
a teus pés não curvar o joelho rebelado:

— Últimos versos —

basta que do teu corpo um pouco se desvende,
logo a nossa razão, perdida, se desprende
como o vôo, a fugir, de um pássaro assustado!

Canções da decadência e outros poemas

SALMO

A Filinto de Almeida

Eu sinto que a Loucura anda rondando
o meu cérebro exausto e fatigado.
Das Alucinações o torvo bando
dança no meu olhar negro bailado...

Chega-te, doce Amiga! mas não tragas
tristes visões de fundas agonias:
antes as minhas vê se tu esmagas
nas tuas brancas mãos, magras e frias!

Deusa! Senhora! Mãe dos desgraçados!
Consoladora da Miséria Humana!
que eu não escute da Razão os brados,
ó Minha Nobre e Santa Soberana!

Dize às matilhas de teus Pesadelos
que estraçalhem nos dentes os meus sonhos! →

Últimos versos

que matem! que espedacem meus anelos!
meus desejos mais santos! mais risonhos!

Para arrancar este cruel tormento,
que na minh'alma desolada mora,
extirpa-me este cancro: o Pensamento,
que em martírios horríveis me devora!

Que não fique uma idéia – uma que seja!
Mata-as como serpentes venenosas!
Enche de paz e sombra benfazeja
do meu cérebro as células trevosas!

Que a sensação gostosa de vazio,
que há de meu crânio às vezes nos arcanos,
o torne como o cárcere sombrio
de um castelo deserto, há milhões de anos!

E andem por fora as loiras primaveras,
ou do inverno os horrores soluçantes
quando, através das grades, como às feras,
me mostrarem no hospício aos visitantes,

eu não tenha em meus olhos apagados
o mais frouxo clarão de inteligência,
átona a face, os lábios afastados
num sorriso boçal de inconsciência...

E eles, vendo-me rir, julguem com pena
que, atrás de um sonho, meu olhar vagueia,
sem notar que minh'alma jaz serena,
às alegrias como a tudo alheia.

Canções da decadência e outros poemas

Calmo e insensível, p'ra falar ao mundo
jamais haja uma frase em minha boca!
E, quando a voz escape-se do fundo
de minha goela – pavorosa e rouca –

à hora em que do mar o undoso açoite
batendo a encosta, rijo, tumultua,
que, estrídula, cortando a fria noite,
seja como a de um cão, uivando à lua!

NUM ÁLBUM

Eu não preciso repetir-lhe agora
o que lhe mostra o espelho todo dia:
dizer que o seu olhar fulge e radia,
dizer que a sua boca é cor da aurora.

E a que viria aqui, Minha Senhora,
qualquer lisonja, se a lisonja é fria
ante a sua beleza que extasia
todo aquele que nela o olhar demora?

Nem busco aos versos imprimir a norma
dos grandes mestres de correta forma:
não tenho força para aqui domá-los.

Quero somente – e é desmedida glória –
que me guarde num canto da memória,
no anonimato humilde dos vassalos.

Canções da decadência e outros poemas

SÍSIFO

Ao dr. Dermeval da Fonseca

... "Cada dia, que vem, tenho a esperança
de ver se acabo a inexorável pena,
que – há séculos sem fim – como vingança,
o ódio dos deuses contra mim ordena.

Em vão espero! Minha mão se cansa
a pedra ao alto a levantar, serena;
nem mesmo o cimo do declive alcança,
a novo esforço meu vigor condena!

Não suponhais talvez que me consola
ser leve o peso que meu braço rola,
ser pequenina a altura a que o levanto.

É outro – e mais cruel – o meu desgosto,
porque o monte, que eu subo – é vosso rosto...
porque a pedra, que eu ergo – é vosso pranto..."

Últimos versos

VERSOS DE AMOR

Paixão? Loucura? Que palavras podem
dizer os desvarios, que sacodem
do nosso peito a mentirosa calma,
quando por diante nós ela desliza,
e indiferente e descuidosa pisa
os anseios mais puros de noss'alma?

Quando ela passa, um toque de rebate
     soa nos corações;
dentro de cada peito as asas bate
     um tropel de canções!

Como alguém que ao seguir pelos caminhos
onde saltam brincando os passarinhos
faz que eles voem, ao sentirem passos,
quando ela segue, um sopro de desejos
levanta em nós a tentação dos beijos,
a tentação dos lúbricos abraços...

Canções da decadência e outros poemas

Polvo de luz, o seu olhar estende
tentáculos sutis
e almas e corações domina e prende
em seus raios febris...

A ondulação voluptuosa e mansa
de um corpo de mulher e de criança
leva-a, como embalada docemente...
Cantam salmos de afeto em torno d'ela...
Cada gesto murmura: – "Como é bela!" –
– "Como eu a adoro!"– cada peito sente!

Num desfolhar de pétalas sonoras,
em arrulhos de amor,
hão de as palavras deslizar, canoras,
da sua boca em flor...

Na voz, pairando no ar, hão de em cardumes
os turbilhões de Beijos e Perfumes
asas abrir, num murmúrio brando...
E há de se ouvir como que um som de prece
de algum coro de arcanjos, que descesse
jaculatórias de paixão rezando...

PARA NÃO FAZER UM MADRIGAL...

É bem de ver que aqui, Minha Senhora,
não posso, como era costume d'antes,
fazer-lhe um desses madrigais galantes,
cuja ousadia não se atura agora.
Para contar assim – fato sabido –
que é um mimo de graça e de beleza
não me atrevo a dizer-lhe, com certeza,
que tentaria o próprio deus Cupido.

Pobre deus desprezado!
               Neste instante,
até mesmo o seu nome esqueceria,
se não tivesse tido, noutro dia,
      um sonho extravagante.
Calcule:
      Era no Olimpo. Reunidos
em assembléia, os numes poderosos
      ouviam, atenciosos,
de Cupido os reclamos e pedidos:

Canções da decadência e outros poemas

"– Já não sou mais – dizia – lá no mundo
"o deus conquistador que d'antes era;
"já mais forte o poder agora impera
"do humano egoísmo, cínico e profundo.
"Às minhas setas chama a humanidade
"brinquedo de ridícula criança;
"meu arco já nem fere, nem alcança
"dos peitos sem amor a crueldade.

"No escudo de Minerva, outrora, havia
"uma arma singular: era a figura
"de Medusa, tão trágica e sombria,
"que a sua estranha e negra catadura,
"bastava a qualquer um, assim que a via,
"para, vencido de um terror sagrado,
"por terra se rojar, aniquilado.

"Pois bem: eu quero uma arma vitoriosa,
"que tudo assim ao meu poder reduza:
"que seja um rosto, como o de Medusa,
"mas Medusa de amor, meiga e mimosa.
"Vença ao chegar! Imponha-se, altaneiro,
"pelo olhar, pelo gesto, pela graça!
"Talismã da beleza – a todos faça
"da sedução cair no cativeiro...
"– Deuses, tal é o meu desejo ardente."

Ao dizer isto, o loiro deus calou-se.
Fez-se um silêncio.
                          Em voz plácida e doce,
Jove então lhe volveu, calmo e descrente:

"– Não serei eu que o teu pedir rejeite...
"Certo, o meio é sagaz; mas não atino ➔

212

— Últimos versos —

"onde possas achar tão peregrino
"rosto que, assim, o teu escudo enfeite,
"se até de tua mãe à formosura
"a humanidade já resiste agora...
"Busca, entretanto, algum – e sem demora,
"terás o que teu voto hoje procura".

Fez-se então pelos céus um alarido
de propostas, de nomes e de ciúmes.
Mas entre as discussões e entre os queixumes,
Ninguém pôde agradar ao deus Cupido.

Nisto, porém, meu sonho foi cortado
– sonho que mesmo agora, neste instante,
eu não sei de que idéia extravagante
possa dentro de mim ter germinado:
      ninguém pensa, hoje em dia,
nos velhos deuses da mitologia...

Mas como um sonho, quando nos abala
volta, às vezes – bizarra coincidência!
há de perdoar a minha impertinência,
se, tal acontecendo, ousar lembrá-la.
Verá que as lutas e a rivalidade
em que o ciúme dos deuses se consome
cessará por encanto – do seu nome
ante a sublime e excelsa majestade,
dando em tal solução sem mais detença,
para o litígio esplêndido final...

E, aqui, Vossa Excelência me dispensa
de deixar neste livro um madrigal...

Impressão e acabamento
Rua Uhland, 307 - Vila Ema
03283-000 - São Paulo - SP
Tel./Fax: (011) 6104-1176
Email: cromosete@uol.com